朝鮮通信使にかけた魂の軌跡

松原一征とユネスコ世界遺産への道

Shimamura Hatsuyoshi
嶋村初吉

東方出版

はじめに

国境の島・対馬。かつて府中と呼ばれた厳原《いづはら》の町を歩くと、歴史的な佇まいに感慨を覚える。江戸時代、日朝を結ぶ外交を家役とした対馬藩が、そのような街区を整えた。町には、1811年、最後の朝鮮通信使を迎接したときの石碑が幾つも立っている。宗家の菩提寺・萬松院《ばんしょういん》に向かうと、その手前に朝鮮通信使歴史館がある。その歴史館に陳列された史料には、松原一征《まつばらかずゆき》さん所蔵と銘打ったものが多い。広渡雪之進の描いた「馬上才図巻」（18世紀、対馬市指定文化財）は逸品である。史料を観ながら、松原さんが朝鮮通信使にいかに情熱を傾けたか、という印象を持たれる方がいるにちがいない。

2017年10月末、朝鮮通信使に関する資料がユネスコ世界記憶遺産（後日、「世界の記憶」遺産と一部改称）登録に決まったとき、翌日の新聞各紙には、松原さんの喜びの声と写真が大きく掲載された。それを通じて、松原さんは全国的に知られるようになった。各紙には、松原さんと共に、長年通信使顕彰運動に尽力された釜山の姜南周《カンナムジュ》さん（元釜山文化財団代表理事、元国立釜慶大学総長）との友情物語も紹介されていた。

通信使のユネスコ「世界の記憶」遺産登録は、日韓の懸け橋となった通信使を広く伝える上で、また通信使に深くかかわった人たちを知らしめる上で、画期となった。

本著では、半世紀にわたり朝鮮通信使に打ち込んだ、対馬の実業家・松原さんの熱い思いで貫かれた軌跡を描いた。通信使を活用した国境の島の地域起こし、ゆかりのまちを繋ぐ運動、ユネスコ「世界の記憶」遺産登録までの道のりなどが主な内容である。

ここで朝鮮通信使とは何か、を説明したい。通信使は朝鮮王朝が派遣した外交使節である。天下を統一した徳川家康が豊臣秀吉の朝鮮侵略で断絶した国交修復に乗り出し、通信使の派遣を要請した。これに応え、朝鮮王朝は300人から500人に及ぶ使節団を1607年から1811年まで計12回派遣した。朝鮮通信使の「通信」とは、「よしみ（信）をかわす（通）」を意味する。ただし、信には「信義」の意を含む。江戸城で国書を交換するため、通信使は都・漢城《ハンソン》（現、ソウル）から江戸まで約2000キロを踏破した。通信使が来日する度に朝鮮ブームが捲き起こり、大きな文化交流の輪が広がった。

通信使が往来した200年余り、両国間の平和と友好的な関係が築かれた。通信使が「平和の使節」といわれるゆえんである。これは2017年10月末、通信使がユネスコ「世界の記憶」遺産に登録された最大の理由でもあった。

松原さんは通信使を通じた善隣友好を目指して、1990年以来、長きにわたって通信使顕彰運動を続けている。この年、来日した盧泰愚《ノテウ》大統領が宮中晩餐《ばんさん》会答礼あいさつで、対馬藩の儒者であり、外交官だった雨森芳洲《あめもりほうしゅう》を称えたことがきっかけとなった。

松原さんは海運業を手掛ける実業家である。それにもまして、1995年に朝鮮通信使縁地連絡協議会（以下、縁地連）を興し、今日まで理事長を務めた。「29歳で海運会社を興し、33歳のとき壱岐沖、曽根水道で、借金して買った貨物船が沈没するという大きな不幸が襲ったが、それを懸命な努力で乗り越え、会社経営を軌道に乗せた」。人生のどん底から這い上がった松原さんだからこそ、持ち前の粘りの精神で、縁地連結成を皮切りに、ゆかりの自治体や民間団体とスクラムを組んで、日韓友好の旗を振り続けられたに違いない。

埋もれた朝鮮通信使の歴史を蘇らせ、通信使史料のコレクターとして知られる在日の研究者・辛基秀《シンギス》さんと協力して、松原さんは通信使顕彰運動を牽引してきた。辛氏の夫人、姜鶴子《カンハッチャ》さんは「うちの主人の亡き後」と断りながら、こう語った。

主人が地域おこしに協力した通信使ゆかりの町を繋いで、さらに海峡を越えて韓国にまで橋渡ししてくれた松原さんには感謝しています。主人が起こした「点」を、松原さんは「線」へと発展させた。その象徴として、通信使のユネスコ世界記憶遺産があるのではないですか。

人との出会いによって、人生には彩が加わる、耀きを増す。これを、あたかも証明するのが松原さんである。「私の人生は、縁結びに尽きるのではないか」（松原さん）。その最大のものが、縁地連結成であった。これを通しての、通信使顕彰運動で、多くの方々と松原さんはかかわり、世の中に波動を起こしていった。

対馬の地域史研究家の永留久恵《ながとめひさえ》さんは、松原さんに通信使の歴史や雨森芳洲の事績を、機会あるごとに教え、授けた。

「互いに欺《あざむ》かず、争わず、真実を以て交わる」

この誠信交隣の精神こそが、通信使が残した歴史的教訓であることを松原さんは知った。二人の間には、あたかも学問の子弟関係を思わせるほどの、親密な関係が長く続いた。

「縁地連の活動で、難問にぶつかると、芳洲先生ならば、どう考えただろうか、と思うことが度々ありました」と話すほど、松原さんは芳洲に入れこんだ。その芳洲の縁で、出身地・高月町（滋賀県）を度々訪れ、北村又郎（高月町長）、平井茂彦（東アジア交流ハウス雨森芳洲庵館長）両氏をはじめとする高月人脈を築いた。

松原さんの誇りは、縁地連の全国交流大会を結成時の1995年から今日まで毎年途絶えることなく、続けてきたことである。「それだけ、ゆかりの自治体が通信使による地域起こしに前向きであり、積極的だったからこそ出来たと思いますし、感謝しています」と松原さん。縁地連ゆかりのまち全国交流大会のうち、新宮（福岡県）と川越（埼玉県）両大会だけは民間主導の開催となったが、関係者の尽力で大きな盛り上がりを見せた。

江戸時代、日朝間に友好と平和をもたらした朝鮮通信使は、「対馬が演出して日本と韓国の両国を繋いでいった国家間の一大行事であった」（松原さん）。これに突き動かされて、「対馬の栄光」をとり戻すために、松原さんは立ち上がった。それにエールを送ったのが、在日の通信使研究者であり、縁地連の関係者である。さらに忘れてはならないのが矢野暢《とおる》・京都大学教授であった。厳原で講演した矢野教授が言った「対馬の尊厳」を思い出しながら、松原さんはこう振り返る。

アジア太平洋時代、また日韓新時代の足音が近づきつつあった20世紀後半、日韓の歴史の見直しが高まるなかで、対馬が歴史的に果たした重要な役割と、尊厳を再び取り戻すときがやってきた。

しかし、日韓関係は山あり谷ありである。21世紀に入り、W杯サッカー日韓共催、ヨン様の『冬ソナ』が起点となって捲き起こった韓流ブームも、歴史認識問題や両国政治家の軋轢によって荒波に飲まれた。

そこで、「民際交流」の重みが増す。政治に惑わされない、市民同士の交流こそが両国関係を安定化させる。これを〝日韓のインフラ〟といった人もいる。

朝鮮通信使のユネスコ登録を申請したのは、日韓の民間団体（釜山文化財団、縁地連）であった。ここに、「民際交流」に賭ける両団体の熱い思いが感じられる。

両団体は、コロナ禍と政治の軋轢で風前の灯となった日韓関係について、「これでいいのか」との思いを喚起させる「対馬宣言」を２０１９年に発信した。それほど、通信使を通じて深い友誼を交わしている両団体だからこそ、「対馬宣言」を通して通信使の精神「誠信交隣」をアピールできた。

歴史が示している通り、対馬はよき時代の歴史を再現して再び地域振興を掲げ、日本と韓国を結ぶ大きな役割を果たしてきていると言えます、私たちはこれからもなお一層、雨森芳洲先生の教えである「誠信の交わり」で、朝鮮通信使がもたらした平和友好の思想を、韓国と手を結びながら、アジアから世界に向けて発信をしてまいりたいと思います。

こう話す松原さんは、約30年続けた縁地連理事長を２０２４年をもって退く。その後は、名誉会長として大所高所からアドバイス・支援していくことになっている。

そこで、通信使顕彰運動の取り組みを中心に、松原さんが歩んできた「魂の軌跡」を追った。聞き書きの形式で表現しているため、本文中の「私」は松原さんであることを、お断りしておく。

朝鮮通信使は、日本各地のゆかりのまちを繋ぎ、海峡を越えて釜山をも結び、日韓友好の大きな潮流を作り出してきた。その中核に縁地連があり、理事長の松原さんがいた。

今日まで半世紀、実業家と通信使の二足の草鞋で、通信使顕彰運動を貫いた軌跡から何が見えてくるのか。ご一緒に、その鼓動に触れてみよう。

目次

『朝鮮通信使の道』(東方出版、2021年・作成=河本佳樹) より再録

一、「通信使がやってきた」興奮を再び

高麗船《こまふね》の　よらで過ぎ行く　霞かな

江戸中期の俳人、与謝蕪村（1716〜1784）が　朝鮮通信使を詠んだ句である。瀬戸内海を往く6隻の朝鮮通信使船。それを護衛する各藩の約千隻が、群がるように走っている。壮大な海上パレード。沿岸には、雲霞のごとき見物人。何ともすごい沿岸の賑わいであった。

蕪村の生涯で3度、通信使は来日している。彼は実際、通信使船を見て、またそれを思い出しながら、句をひねりだしたのであろう。ゆったりと沖合を走る異国船。沿岸から見物していると、港に寄らずにいつの間にか春霞のなかに消えていく。そんなイメージが広がる

秀吉の朝鮮侵略で断絶した国交を修復したのは家康で、朝鮮通信使の派遣も要請した。この交渉は対馬藩によって進められ、難航の末に実現した。通信使は信義を交わす外交使節である。朝鮮国王の国書を携えて江戸城まで行き、将軍と会って国書を交換するのが役割であった。

朝鮮王朝の都、漢城《ハンソン》（現、ソウル）から釜山まで500キロを歩いた朝鮮通信使一行（約100人）に、ここで航海士などが加わる。総数にして300人から500人の規模となる。船は6艘ある。正使船、

対馬・厳原港に入港する復元朝鮮通信使船＝2023年8月（釜山文化財団提供）

副使船、従事官船の3艘に、それぞれト船という貨物船を従える。対馬藩の船が先導して玄界灘を渡り、瀬戸内海を東に向かって、大坂・天保山沖に入る。

通信使の来日で、江戸時代、朝鮮ブームが巻き起った。陸路では1千人余りで隊をなした通信使行列を見ようと、行く先々で沿道に見物客が集まった。海路では沿道各藩の船が先導する通信使船6隻の海上パレードで脚光を浴びた。

その威容は、ゆかりのまちに伝わる朝鮮通信使絵巻や船団図で読み取ることができる。後者の代表は、下蒲刈町（現、広島県呉市）の蘭島文化財団所蔵の「朝鮮人来朝覚備前御馳走船行烈図」である。縦は14・5㎝だが、幅が8mを超える。船上の通信使の様子、小舟に乗って近くまで見物に訪れた日本人の様子など、当時の興奮した民衆のあり様も詳細に描かれている。

対馬から江戸まで、その間の海路と陸路で、通信使は儒教の国の威厳をアピールするとともに、異国文化の風を日本に吹き込んだ。

１９８０年代以降、通信使ゆかりのまちでは、通信使行列が各地で再現されてきた。時代装束や通信使の高官が乗る輿をつくり、往時の様を再現した。

しかし、海路を行った通信使船復元は巨額を要するため、実現の可能性を論ずることはなかった。それが韓国・全羅南道の木浦《モッポ》の国立海洋文化財研究所で建造に向けて準備中というソウル発共同電が、2017年1月5日の西日本新聞・夕刊1面に大きく載った。

建造の目的は「朝鮮通信使による善隣外交の精神を実際の航行で再現したい」とある。これを読んだ私は、数日後に木浦へ向かい、同研究所で建造にかかわる研究士から説明を受けながら見学した。

実は、2012年から2016年にかけて、日韓の民間団体共同によって「朝鮮通信使をユネスコ記憶遺産に」と登録申請活動を行っていた。そして、問題がなければ、2017年に初のユネスコ登録が達成できそうなときを迎えていた。まさに、木浦での朝鮮通信使船建造は、この登録申請事業と連動したような動きであった。

建造費は、韓国文化庁から2億3000万円の国費が充てられている。建造主体は国である。これは、すごいことだと私は思った。

2017年10月、復元通信使船は進水し、日本に初めて向かう対馬までの航海を計画していたが、日韓の険悪な政治状況、さらにコロナ禍で足止めされた。

2023年8月4日、ついに厳原港に姿を現したときの感動を忘れることは出来ない。それほど、大きなインパクトがあり、通信使船の存在感を改めて実感した。江戸時代には、6艘の大型船が入港するわけだから、話題を呼ぶし、見物人も大変な数になったと思う。

瀬戸内海の、室津（兵庫県たつの市）から出航し、兵庫へ向かう様子を、申維翰《シンユハン》（製述官、1719年来日）は『海游録』にこう記す。

群倭の護育船が大小あわせて千艘に近く、それぞれ四、五燈を燃やし、その燈光は海に満ちた。三使船（朝鮮通信使船）はそれぞれ火箭をもって相応し、鼓角をいっせいに鳴らし、星河も動揺し、（中略）倭人の小舟が使船に接れて洋中に転覆したが、その人たちは波から浮かび上がって船の背中に乗り、手を握って引き揚げられた、蹶然《けつぜん》として（騒ぎ立って）みな助けられた。

通信使船は江戸時代、隣国の外交使節が「日本にやってきたぞ」と知らせる、象徴的な存在だった。釜山港で復元通信使船に私は乗ったが、乗り心地もよく、船内は朝鮮通信使関係資料が展示され、まるでミニ資料館のようだった。釜山での処女航海では韓国の伝統芸能も披露された。

その通信使船が、２０２４年8月には下関・馬関祭りに向けて釜山を出港する。その翌年の大阪万博の折には、天保山沖を目指す予定である。通信使の大阪上陸は１７６４年、第11次以来、２６１年ぶりである。マスコミによって、その雄姿が国内外に発信されることは間違いない。

通信使顕彰運動の過去、現在、未来を読み解くと、縁地連結成、通信使訪日４００年の韓流ブーム、ユネスコ「世界の記憶」遺産登録、復元通信使船の大阪までの航海と進む。

１９９０年に来日して、宮中晩さん会答礼で雨森芳洲を称えた盧泰愚《ノテウ》大統領演説以来、ゆかりのまちを繋ぐ通信使縁地連絡協議会が結成され、通信使による地域起こしが各地で始まった。その起点となった対馬で、顕彰運動がどのように始まり、島内外へ広がっていったかをお伝えしたい。

与謝蕪村は摂津国東成郡毛馬村（現、大阪市都島区）出身である。『郷愁の詩人　与謝蕪村』を書いた萩原朔太郎は、蕪村の句には光と色彩が強烈といい、蕪村自身が気質的にも南国的であったと指摘する。蕪村には海を詠んだ句が意外と多い。

春の海終日《ひねもす》のたりのたりかな

日韓の間に陽光をもたらすような軌跡を、私の通信使顕彰運動に感じていただければ、幸甚である。

二、朝鮮通信使による地域起こしへ

1 盧泰愚大統領、来日の波動

韓国・釜山が見える国境の島・対馬。植民地時代、6000人を超える朝鮮人が対馬に移住し、山に入り炭焼を中心に生活をしていた。第二次世界大戦末期、小・中・高校の頃、学校には韓国人がたくさんいたこともあり、韓国は外国という感じがしなかった。よく日常生活の中に、ハングルが使われていた。

「チング（友人の意）と飲み会がある」「パッチ（下着）を出してくれ」。これは父から聞いた言葉で、そのほか、パル（耕す）とか、朝鮮語が対馬の社会に定着していた。

先輩から聞いた話では、釜山に「床屋に行く」「映画を観て来る」というやり取りが日常的にあったという。

その対馬を離れたのは、福岡大学に入学してから。卒業後は福岡に留まり、博多運輸、次に大栄海運から九州大栄陸運に勤務して、29歳で会社（対州海運株式会社）を起こした。31歳で対馬に入り、以来、今に至るまで那の津（福岡市）が対馬との間を結ぶ海運業の拠点となった。社会人になって、60年もの長い間、私のように那の津を仕事の場にした人は稀ではないか。

海運業の拠点を築こうと、生活の軸足を対馬に置いた生活が続いた。そのため、妻との別居生活が10年続いた。

厳原港祭りに通信使行列登場

夏になると、厳原港祭りがある。１９８０年の港祭りで、私は朝鮮通信使行列に出会った。港祭りは対馬最大の祭典で、6町からも参加者を派遣するほどの賑わいだった。

港祭りに初めて登場した韓国の時代装束や民族衣装を着た行列。町を練り歩く、異国情緒あふれた行列は話題を呼んだ。これは、大阪・堺出身の大坂屋（呉服販売業）の主人・庄野晃三朗さんが、ある映画をヒントに始めたもの。映画は、在日の朝鮮通信使研究家・辛基秀《シンギス》先生が制作した『江戸時代の朝鮮通信使』。１９８０年、対馬で辛先生を招き、この映画の自主上映会が行われた。これを見た晃三朗さんは、「対馬には対朝鮮外交で日本国の中心になった、輝く時代があったのか」と感動し、「李朝通信使」の横断幕を掲げた時代行列を再現する試みを始めた。

庄野さんの始めた行列の名称は当初「李朝通信使」だったが、これを疑問視したのは、永留久恵先生で、「朝鮮通信使」が正しいと言っていた。

30代半ばで、私は初めて朝鮮通信使を知った。当時、学校の教科書にも通信使は紹介されていなかった。対馬で『江戸時代の朝鮮通信使』を観た私は、庄野さん同様に、江戸時代、対馬が朝鮮通信使を

韓国大統領よりの叙勲祝賀会で。左から庄野晃三朗氏の長男・伸十郎氏、松原一征、島本美穂子氏、後ろが渕上清氏＝2010年

迎える中心的役割を果たしていたことを認識した。

映画は、日朝関係の光と影の、「光」の部分を掘り起した貴重なドキュメンタリーだった。この映画を観てから、私は徐々に歴史研究者の永留先生を中心とする文化グループの仲間に入り、対馬の歴史を勉強し始めた。

日本で最も朝鮮半島に近い対馬は、古くから日朝を結ぶ役割を果たした国境の島であることを改めて認識した。歴史を振り返り、善隣友好の精神を学んだ庄野さんは、祭りに時代行列を再現して、島を沸かせた。庄野さんの熱い思いには、頭が下がった。

庄野さんは、呉服販売業を経営。同業のよしみを生かし、釜山から衣装の生地を仕入れ、時代史料を読み解きながら時代衣装をつくり上げた。そのこだわりに感心した。

1990年、来日した盧泰愚大統領が宮中晩さん会答礼で、対馬藩の外交官、雨森芳洲を称える演説をしたことから、芳洲の生誕地・高月町（滋賀県）をはじめ、通信使ゆかりのまちは沸いた。対馬も、そうである。

盧大統領の国会演説は、対馬の人達に勇気を与えた。

議員のみなさま。

晴れた日に釜山の海辺（海岸）に立つと水平線上に対馬の島が見えます。日本からもまた釜山の灯が見えるでしょう。歴史が記録される以前、その遥かな昔から今日に至るまで、両国の人々はこの狭い海峡を渡り最も近い隣人として交流してまいりました。

＝1990年5月25日付の新聞各紙まとめ

私は「議員のみなさま」と呼びかけている一節に感動した。「みなさん、忘れてはいけないことでしょう。この狭い海峡を往来した、いにしえからの歴史を」と呼び掛けているように思えた。

国会演説で、釜山と対馬の関係に触れた盧泰愚大統領は、宮中晩餐会答礼あいさつで日朝関係に尽くした外交官・雨森芳洲を押し出してくれた。

二百七十年前、朝鮮との外交にたずさわった雨森芳洲は〈誠意と信義の交際〉を信条としたと伝えられます。かれの相談相手役であった朝鮮の玄徳潤《ヒョンドギュン》は、東莱に誠信堂を建てて日本の使節をもてなしました。今後のわれわれ両国関係も、このような相互尊重と理解の上に、共同の理想と価値を目指して発展するでありましょう。

＝5月25日付の新聞各紙まとめ

全島挙げ「対馬芳洲会」旗上げ

盧泰愚大統領の講演を聞き、「これはすごいことである」と心が震えた。対馬でも、芳洲の精神をもって地域起こしに立ち上がるべきではないかと思った。そこで、さっそく町役場の渕上清さん（のちの厳原町長）に連絡して、対馬芳洲会を提案した。「それはいい」と渕上さんも共鳴したことで、官民

雨森芳洲没後250年祭で、長寿院に墓参＝2004年

の友人に協力を呼び掛けた。その結果、盧大統領の来日から1カ月しないうちに結成することができた。対馬6町の町長が顧問に入り、全島挙げての体制が整った。

1990年6月9日、対馬芳洲会の結成式には100人ほどの会員が集まった。芳洲会は日韓交流を中心テーマに、島内では日韓友好顕彰碑の建立を、島外に向かっては、朝鮮通信使ゆかりのまちを結ぶことを確認した。

芳洲会の機関誌「交隣」第2号（1992年6月発行）に、私は次のように書いた。

これからの交流はソフト、ハード両面を併用させることでなければ交隣とはならない。現代版「交隣」というものの核心をなすものは人と人との交流、つまり人的交流を通じて、お互いの立場を理解し合うということから始まるものと信じる。今日の世界はヒューマニズムの時代だと言われるが、国でも地域でも人でも本当の意味で豊かになれるのは物質や経済だけではなれない訳で、本当の豊かさの基本はヒューマニズムに基づく真の人間性の尊重にあろう。

芳洲先生が晩年、61歳のときの著作『交隣提醒《ていせい》』のなかで説かれた「誠信交隣」は、国境を越えて、人と人との信頼の輪を広げていくことにある。お互いの信頼は付き合いを重ねることによって築かれる。極めて単純明快なことではあるが、利害関係が前面にでると付き合いも長続きはしないのが普通である。共通の目標に向かって、連携をとりながらやることで、その弊害を乗り越えることができるのではないか。

芳洲先生は和歌に「桜に百年の樹少なく松に千年の緑多し」と詠んでいる。あまり知られていない和歌で、その意味は、こつこつ地道に付き合っていくことが長続きする要諦であるという教えでもある。これは国際交流の原点ともいえる。

「対馬の尊厳」。聴衆の心つかむ

さらに対馬ロータリークラブ主催で、朝鮮通信使シンポジウムを開催し、基調講演を東南アジア地域研究で知られる、政治学者の矢野暢《とおる》・京都大学教授にやってもらった。大変好評であったその内容を、一部紹介したい。

私が「対馬の尊厳」を意識しますときには「対馬が辺境であってはいけない」ということであります。その日本特有の「中心」と「辺境」のその尺度から対馬が逃れて、対馬が日本の先端的な地位に立ち、そしてアジアへの窓口としての由緒ある役割を取り戻す、そういう手続を通して対馬は再び江戸時代のような、ある種の中心性を取り戻してほしいし、取り戻すことができるという確信、これを私は心ひそかに抱いているわけであります。

矢野先生の言葉にはスピリットがあった。

「対馬には尊厳がある」

「対馬は日本の中心から外れ辺境だが、対馬が中心的な役割を果たした時代がある」

「国際性を再び取り入れて、対馬の尊厳を蘇らせてほしい」

とりわけ矢野教授の、この「対馬の尊厳」という言葉が聴衆の心に響いた。

永留先生がよくいっていた。「海に向かって閉ざし、閉じ込められると、対馬は暗黒となる。海に開いて、東西南北につながることで、対馬は躍動する」と。

矢野先生のいわれる「対馬の尊厳」の背景には、当時、知的な集団が辺境に甘んじることなく、海を駆けていた姿がある。

講演会には500〜600人が駆け付けた。「対馬の尊厳」という感動的な言葉を絞り出して、聴衆に元気を与えてくれた矢野先生への感謝の念は尽きない。しかし、われわれ迎える側の不備で、おもてなしの配慮に欠けた。登壇する前、体育館の舞台下の小部屋に案内したとき、先生は不満をもらされていた。

そのようなもやもやを吹き飛ばしたのは、矢野先生の講演に先立ち、挨拶に立った永留先生である。話を切り出そうにも、言葉が出てこない。「私は昨日飲み過ぎて言葉を忘れてしまった」。これを、柔和な顔をさらに口を八の字に結んで言い放った。会場は湧いた。私は「人間・永留先生、ここにあり」という思いでいっぱいとなった。

このおおらかで、包容力のある永留先生に後押しされて、朝鮮通信使の活動に気合が入った。またこの頃、対馬国際交流協会を設立するために、6町の町長に要請に上がり、さらに町村会会長の長郷哲夫さん宅に伺って初代会長に就任してほしいとお願いして、実行委を立ち上げた。

それから島内に通信使に関する石碑を次々と建立した。厳原町に芳洲の「誠信交隣」碑、鰐浦《わにうら》（上対馬町）の韓国展望台に「訳官使殉難追悼碑」、峰町《みねまち》に「朝鮮海峡遭難の碑」。このような顕彰碑建立を通して、韓国との友好交流をやっていく気運が芽生えた。

縁地連を起ち上げる前の活動は、それは密度が濃かった。朝日新聞と韓国国史編纂委員会が主催した「宗家文書と朝鮮通信使」展をはじめ、講演会・シンポジウム、フォーラム、図録出版など、数々の事業が展開された。

40～50の自治体を行脚

朝鮮通信使ゆかりのまちを繋ぐ、縁地連をつくろうと、私が縁地交流実行員長になって、全国40～50の自治体を行脚することを始めた。厳原町には国際交流係が新設され、出張計画には係長の本石健一郎さんをはじめ、通信使行列振興会、観光協会の役員も加わってくれた。官民一体となった取り組み。「通信使を通して、歴史観光の枠を広げ、縁地間の連携・

対馬北端、鰐浦に立つ「朝鮮国訳官使殉難追悼碑」

交流を進め、地域活性化に結びつけようではないですか」といった文書を作成し、それを事前に送付した。その後、抜かりなく各市町村を訪問した。そのとき、アドバイザーとなってくれたのが、大阪市に住む朝鮮通信使研究家の辛基秀先生であった。

映画『江戸時代の朝鮮通信使』で知られ、映像作家でもある辛基秀先生に、大阪市でお会いして、逐一、訪問結果を報告した。

そのなかに、兵庫県御津町《みつちょう》がある。「通信使との、つながりが深い場所ですよ」というので訪ねると、職員から「お宅のいわれる、文書は見ていない」といわれ、逆に「送ったのですか」と質問される始末。これには、訳があることを後で知った。

朝鮮通信使はテーマが余りにも巨大である。江戸時代、12回来日した朝鮮王朝の外交使節は、儒学、医学、絵画、芸能など多彩な分野で編成されていた。そのため、来日の度に日本社会にさまざまな影響を与えている。300人から500人規模の外交使節が来日したインパクトが大きかったことは、朝鮮ブームで括られる。これを「韓流ブームの源流」と辛基秀先生は言っていた。

だから、ゆかりの自治体は、通信使をどこの課が担ったらよいか。観光課がよいか。文化振興課、文化財課、はたまた教育委員会か。人権啓発課の名もでて来る。このように、さぞかし迷ったことと思う。

出張して各自治体を訪ねた折、我々がいわばたらいまわしにされたのは、そのためである。これに懲りて、「なぜ、自治体トップに文書を郵送しなかったのか」と反省した。

そして、苦節5年を費やし、国内の通信使ゆかりの各地の賛同を得て、1995年秋に対馬の地で結成大会を開催した。

それに伴い、通信使ゆかりの自治体に案内を出して、町旗や市旗を取り寄せた。当日、厳原町文化会館の玄関横に並ぶ高さ4、5mのポールにそれを掲げ、通信使顕彰運動の気運を盛り上げた。その旗のもと、私が司会・進行を務めたフォーラムも開催した。これには、20を超える市町村の代表が参加してくれた。

2 朝鮮通信使縁地連絡協議会を結成

準備に5年をかけて、1995年11月、やっと朝鮮通信使縁地連絡協議会結成の日を迎えた。「百八十四年ぶりの大騒動」というポスターが、まちのあちこちに貼られていた。百八十四年ぶりとは、最後の通信使が対馬にやって来た1811（文化8）年以来、ということである。

「徳川幕府の鎖国の時代に『誠信の交わり』の精神で日韓の善隣友好を築いた人たちの魂が、今、長崎県対馬で再び燃え始めた」とポスターに謳っていた。長く途絶えていた日韓交流のにぎわいが復活しようとしていた。

1990年に来日した盧泰愚大統領の演説をきっかけに、走り始めて5年の歳月が流れた。長いようで、短いような……。やっと縁地連を結成できるという喜びが湧いてきた。

1年前から官民100人くらいの実行委員会を起ち上げ、10の分科会をつくり、連日のように遅くまで作業に精を出してきた。

対馬市で縁地連結成大会を開催＝1995年

当日の催しは結成大会に始まり、以下のように多岐にわたった。

日韓の民俗芸能、饗応料理の復元、通信使特別展、以酊庵《いていあん》祭り、芳洲没後２４０年供養祭、日韓交流の夕べ、シンポジウムなど。

これらの内容は、まるでネットワーク型の複合大会といった性格。私をはじめ大会関係者は不安と期待が入り混じった思いだった。

私は、対馬から縁地連を発信することは、対馬の島起こしにつながると信じていた。島は海に閉じ込められてしまえば暗黒の時代になるが、海を開いて交流に乗り出せば大きく開かれてくる。海を介した交流が対馬の活路であり、通信使は日韓を結ぶ大きな歴史遺産である。縁地連結成によって、対馬の交流新時代を開く画期を迎えるという自負があった。

大会前日の11月17日、韓国から、日本各地から、関係者が大挙して対馬入りした。研究者として鄭永鎬《チョンヨンホ》（檀国大学教授）、上田正昭（大阪女子大学学長、京都大学名誉教授）、海野福壽（明治大学教授）、ロナルド・トビ（イリノイ大学教授）、辛基秀の各氏が顔を揃えた。大会の重みを伝えるように、高田勇長崎県知事、駐日大韓民国大使館、駐福岡大韓民国総領事館、韓国巨済ロータリークラブ、民団福岡県地方本部など各界の主だった方々が厳原に集まった。

歴史遺産を現代に開く

翌18日、厳原町文化会館での総会で、基調講演された上田正昭先生は、「芳洲先生が生きておられて、この日の盛観な様子をご覧になれば、どんなにお慶びなさるであろうか。21世紀の日韓新時代を切り開く『民際交流』の第一歩が、ここ対馬から始まる」と述べられた。

私は主催者として、次のように挨拶した。

本日の結成大会は、先の平成4年（1992）2月に対馬で開いた「朝鮮通信使フォーラム in対馬」の開催趣旨を引き継いだものです。日韓新時代を迎え、当時（江戸時代）の平和のシンボルであった朝鮮通信使の歴史を絶え間なく継承しながら、認識を新たにしていくとともに、縁ある関係市町村の皆様方が連携をして交流をはかり、地域の振興と、ひいては日韓の友好親善に寄与していこうという趣旨のものです。

この後、来賓の祝辞、シンポジウムなどと続き、対馬の役割、朝鮮通信使の意義に光をあてた話が続いた。江戸時代と比較して、現代の対馬に欠けているものは何か。私は思わず考えてしまった。会場の参加者も恐らくそうであろう。

時代を大きく切り開いた対馬の輝ける時代から、何を学びとれるか。過去の栄光に酔っていても仕方がない。その歴史遺産を現代に開いて、対馬の活性化につなぐことが必要である。

縁地連の活動といっても、一朝一夕にできるものではない。まずは、お互いを知ることである。いつでも、誰でも、どこでもできる草の根交流こそが人と人、地域と地域、国と国を親しく結ぶ原点であるに違いない。

通信使饗応料理が人気呼ぶ

対馬がこの日、交流の起点になったことを私は喜んだ。大震災の復旧作業の真っ最中の神戸市からも、代表が派遣されてきた。遠くは静岡市、清水市の代表の顔も見える。久しぶりに再会する方々に挨拶しながら、5年間40の縁地を回った思い出が脳裏をよぎっていった。

　会場となった対馬歴史民俗資料館、西山寺、萬松院などは大変なにぎわい。大阪の高正晴子・梅花女子短期大学教授と地元主婦21人が2週間がかりで作った饗応料理が人気を集めた。ツバメの巣、カラスミ、焼きウズラなどの山海の珍味10種類を使い、七つの饗応膳に盛り付けている。見学者からは「いまも昔も、官官接待には大変苦労したようですね」という声も聞かれた。

　早朝からの準備と、次から次へと開かれる記念行事に追われた。夜は交流会、その後も仲間と祝杯

縁地連の結成大会で高正晴子先生の指導のもと、饗応料理を再現

をあげて大手橋のスナック街を8軒はしごした。

対馬には韓国ファンがたくさんいる。韓国が目と鼻の先の対馬には、韓国のラジオが流れて来る。それも鮮明に。それを生かして語学力を身に付けている人が、かなりの数いる。橘厚志氏は無線仲間を韓国人とつくっている。また、済州島出身の文栄心《ムンヨンシム》さんが経営するスナック「済州島」もあって、対馬にいて韓国の雰囲気に浸ることできる。

東海、関西、瀬戸内から大会に参加した方々は、その光景に驚き、国境の島・対馬のよさを堪能してくれた。

翌日は、二日酔いで、私は頭があがらず見苦しい姿をさらしてしまった。ただ、この日は屋外でのイベントが主な行事であったため、救われた。

秋晴れの下、厳原の街中はどよめいた。萬松院から朝鮮通信使の行列が、西川端通りを経由して、清水丘を目指して出発した。

正使役として輿に乗ったのは辛基秀先生。馬にまたがり対馬守役を務めたのは原田保吉・厳原町長。清道旗を先頭に約300人の行列が楽隊に導かれ、目抜き通りを進む。沿道の観衆からは、「チョハヨー」(かっこいい!)と韓国語の歓声も飛び交い、ひとときの日韓交流の時代絵巻に酔いしれた。

三、歴史とどう向き合うか

盧泰愚大統領の来日する直前の１９９０年5月21日、天皇皇后両陛下が対馬に来られた。雨森芳洲の名前を盛り込んだ盧泰愚大統領の宮中晩餐会答礼あいさつといい、何か不思議な縁を感じた。両陛下の対馬訪問は初めて。美津島町の対馬真珠養殖漁協で展示場を見学、リアス式の浅茅湾《あそう》、真珠養殖用のイカダなども見学された後、厳原町役場で対馬6町の町長との昼食会に臨まれた。当時、厳原町長は原田保吉氏で、両陛下の来島をきっかけに、島の活性化のために何かしなければという機運が芽生えたと思う。

１９９５年に設立した私ども縁地連は、朝鮮通信使がもたらした日韓の「友好平和」「文化交流」「誠信の交わり」の思想を掲げた顕彰事業活動を通じて、日本の縁地間だけでなく、それを韓国まで広げて連携した。

1 釜山に「通信使の風を」

韓国・釜山に朝鮮通信使文化事業会を起ち上げたのは姜南周《カンナムジュ》先生である。国立釜慶大学教授で、のちに総長にも選ばれた学識者である。1994年、福岡大学に訪問研究員として来られたときに、福大OBの私はお世話する機会に恵まれ、知り合いになった。

そのとき、対馬で通信使顕彰事業が進んでいることを話し、「釜山にも、通信使の風を起こしてください」とお願いした。姜先生は「私は通信使の専門家ではないから、適任ではない。やれるかな」とためらう。そこで私は「通信使は、大きくいえば文化を包含したテーマですから、これを束ねるオルガナイザー的役割を、先生に果たしていただければと思うのです」と言って、説得した。

それがのちに大きく花開き、釜山に嶺南《ヨンナム》地方屈指のイベント、朝鮮通信使祭りが姜先生の発案で、形づけられた。

その後、日本の縁地連は、韓国の釜山文化財団と連携して、交流事業を継続的に行っている。滋賀県の近江八幡市が慶尚南道の密陽市と姉妹提携ができたのも、そのおかげである。

通信使を通して日韓の交わり・絆を深めるためにも、ゆかりの自治体を繋ぐ組織ができないものかと、私は常々考えていた。

ヨーロッパの仏独にはエリゼ条約（仏独協力条約）がある。西ドイツのアデナウアー首相とフランスのシャルル・ド・ゴール大統領が米ソ二大勢力下で続いた長年の対立を止めて、友好関係を築いた。そのとき締結したのがエリゼ条約である。これによって2200~2300もの兄弟（姉妹）縁組みが結ばれた。政治に惑わされないほどの、成熟した市民感情を育てるには、この兄弟縁組みは重要であると私は確信した。

長年の付き合いがある姜南周先生が釜山文化財団の代表理事を務めているとき、「先生、韓国版の縁地連をつくってください」と要請した。「つくるときは、私も協力します」と付け加えて。

日韓の通信使ゆかりのまちが手を繋ぎ、友好活動を続けることで、二国間に安定した友好的な基盤が築かれるのではないか。政治に左右されない両国の成熟した市民意識を醸成する意味からも、これは大事なことである、と私は考えていた。そのためには、韓国に日本のような縁地連をぜひとも作ってほしいと願っていた。

しかし、韓国は日本と違って、どうも難しいらしい。地域間のメンツが障害になっているように思う。一極集中のソウルが京畿道を取り込みながら膨張を続けている韓国。釜山は首都・ソウルに対抗意識を常に持ち続けている。この2極のどちらにつくか、地方はソロバン勘定をしているのか。だから、釜山の呼び掛ける縁地連結成に手をあげない。このような図式が浮かび上がる。

韓国の、通信使ゆかりの自治体には、通信使に関する史料や文化財、史跡が日本よりも圧倒的に少ないことも、縁地を繋ぐ組織をつくる上でマイナス要因になっているのかも知れない。

この話は、韓国の外交官・徐賢燮《ソヒョンソプ》先生から既に聞いていた。徐先生は知日派の外交官で、ベストセラー『イルボヌン　イッタ（日本は、ある）』の著者である。「縁地連を韓国につくる？　それは難しい。地域間競争が激しいから」と言っていた。

韓国にはタテ社会意識が依然残っていて、釜山ではソウル一極集中を念頭に「ソウルに負けられない」という言葉を、私は幾度となく耳にしていた。釜山が地方に声を掛けると、掛けられた地方都市は釜山の下にはなりたくないという意識が働くのであろう。

1990年来日した盧泰愚大統領が宮中晩さん会答礼の挨拶で、雨森芳洲を称える演説をしたが、その草案を書いたのが通信使にも詳しい徐先生である。その方がいわれたことは、的を得ていた。

徐先生は1998年から約3年間、駐福岡韓国総領事館の総領事を務めた経験もあり、その間、対馬にも度々来られた。徐先生の高著『日本の底力』（光文社）にも対馬のことが出てくる。

雨森（芳洲）が勤務した対馬では、盧大統領の演説を契機に、雨森精神を蘇らせようとする市民運動による『雨森芳洲を考える集い』が開催された。市民たちは、釜山が遠く望める対馬の北端に、朝鮮の訳官たちの遭難碑を建てた。碑設立予算2億ウォンは、市民と地方自治体が共同で負担したという。雨森の死後、世間はまったくと言っていいほど変わったが、韓日間の真の信頼関係の出発点は、やはり信頼であることには変わりない。

2023年5月、日本の通信使ゆかりのまち全国交流

雨森芳洲を称える盧泰愚大統領演説の草案を書いた外交官・徐賢燮氏（右端）＝1998年、滋賀県高月町

大会を釜山で開催したとき、やっと韓国版の縁地連加盟団体が発表された。名称は、「朝鮮通信使文化交流協議会」といい、以下のような10機関で設立された。

釜山文化財団、朝鮮通信使学会、朝鮮通信使料理研究会、釜山韓日文化交流協会（以上、釜山市）、韓国体育振興会、龍仁共同体（以上、ソウル）、忠州学研究院（忠州市）、忠清南道歴史文化研究院、朝鮮通信使忠清南道研究会（以上、忠清南道）、公州大学校公州学研究院（公州市）

この10機関は研究機関であり、自治体ではない。日本の縁地連は自治体と民間団体が主体となって組織されている。それと似た組織をつくるには、まだまだ時間がかかるのだろうか。

2 日韓に朝鮮通信使国会議員の会

韓国はなぜ、自治体連携が困難なのか。その間を取り持つ有力者が必要なのだろうか。

韓国の通信使議員連盟に朴振《パクチン》氏がいる。長崎へ仲間の何人かと一緒に旅をしたこともある。ある調査では、韓国の国会議員のなかで人気度ナンバーワンという結果もあるほど、彼の手腕は注目されていた。それが、尹錫悦《ユンソンニョル》政権で、外相に抜擢された。留学経験も豊富な国際的な政治家で、縁地連の我々

韓国の朝鮮通信使議員連盟の一行と稲佐山（長崎市）で。左から4人目が朴振幹事長（元外務大臣）＝2007年

も将来を期待していた。

というのは、かつて厳原港まつりで来島し、私の会社屋上で行っている納涼会場にも顔を出された。乾杯の音頭をとってもらったとき、チョンセー、マンセーでなく、我々に「パタロー（海へ）」「セゲロー（世界へ）」で応じてくれといわれた。海を渡り、世界に出ていけという意味で、スケールの大きい彼の人生観を見る思いがした。

※「朝鮮通信使交流議員の会」
2006年9月、韓国と北朝鮮との友好を目指して、超党派の国会議員で設立された。同年11月7日時点の役員名簿は次の通りである（敬称略）。
【自民党】会長＝河村建夫（山口3区）▽会長代理・副会長＝奥野信亮（奈良3区）▽幹事長＝谷川弥一（長崎3区）▽幹事＝林芳正（参、山口）、岸信夫（参、山口）、寺田稔（広島5区）、宮澤洋一（広島7区）、萩原誠司（比・中国／岡山）、竹下亘（島根2区）、大前繁雄（兵庫7区）、西村康稔（兵庫9区）、北川イッセイ（参・大阪）、近藤三津枝（比・近畿）、藤井勇治（比・近畿／滋賀）、山本明彦（愛知15区）、塩谷立（静岡8区）、望月義夫（静岡4区）、上川陽子（静岡1区）▽事務局長＝原田令嗣（静岡2区）▽幹事＝小林温（参・神奈川）、石原宏高（東京3区）
【公明党】幹事＝桝屋敬悟（比・中国／山口）、谷合正明（参、比・岡山）▽副会長＝大口善徳（比・東海／静岡）
【民主党】副会長＝田島一成（滋賀2区）、▽幹事＝奥村展三（比・近畿／滋賀）、近藤昭一（愛知3区）

韓国は尹錫悦大統領になってから、文在寅《ムンジェイン》政権と異なり、急速に日本と友好的になった。金大中《キムデジュン》大統領と小渕恵三首相の間で交わされたフレンドシップ協定に則り、未来指向的な韓日関係を重んじ、進んでいる。シャトル外交もその一環である。

日韓友好を全面に出した日韓の大きな祭典が、ソウルと東京にある。私は日韓交流東京祭りの委員に任命され、既に10年間務めた。これには日韓の朝鮮通信使議員の会からも開会式に顔を出している。

朝鮮通信使の精神は、「誠信交隣」である。日韓の国会議員には、この精神を学んでいただき、両国の友好促進に役立ててほしい。

私たち縁地連は「誠信交隣」の精神を以て、さらに縁地間の自治体交流にも押し広げ、日韓友好の裾野を拡げていきたいと考えている。

四、実業家と通信使の二足の草鞋《わらじ》

福岡大学を卒業して、大栄海運株式会社博多支店に入社した。車両部に配属されたが、1年後に分離独立の九州大栄陸運に異動になった。新会社では営業を担当し、攻めの姿勢で取引先を増やした。特攻隊の生き残りである簑原社長からは、果敢な、積極的な攻めの姿勢を叩き込まれた。会社を訪問し、「社長にお会いしたいのですが」と尋ねると、「若いのに畏れ多い」といった嫌な顔をされたことが度々あった。「若いからバカにされるのか」と思い、よく食べて体をつくり、よく酒を飲んで老け顔になるように努めた。

29歳で独立、海運業界へ参入

会社づくりのノウハウを学んだのは、九州大栄陸運という新会社をつくるとき、私もその要員に抜擢されたからである。そのとき、伝票づくりに始まり、会社経営の基本の基本を叩き込まれた。29歳で会社を辞めて、独立した。博多と対馬を結ぶ海運事業で身を建てようとした。

資金力もなく、情熱だけで突っ走ってきた。そのとき、作った社訓には、①積極果敢、②一致団結、

③社会貢献、を掲げた。社訓①は、大栄陸運の経験から、4文字を刻んだ。仕事に行き詰まったり、困ったとき、「簑原社長だったらどうするか」という発想で考えたことが度々あった。

会社づくりは最低でも、10年を要する。31歳からは、対馬に入り、事業の基盤を固めた。対馬の島民のために、貨物船を走らせるのだから、対馬で会社の名を売らなければ、意味がない。

須恵町（福岡県）に住む妻からは「お父さんは対馬の人間やから」といわれるほど、事業のため対馬に入った。

独立して4年目の1978（昭和53）年2月1日、借金して買った第21博栄丸（100トン）が壱岐沖、曽根水道で沈没した。デッキに丸太を積んでいたが、丸太が動いたあおりをうけて船体が傾き、沈没した。

船中には荷物もたくさん積載していた。1千万円の投資が消え、荷物の弁償の支払いにも追われることとなった。

「これで、対州海運は終わりだわ。立ち直れまい」

私を知る大方の予想は、そうだった。しかし、くじけなかった。借金漬けながらも、今度は船を借りて、営業を続けた。社員には毎月、給料を払ったが、それに見合うだけの売り上げをあげられなかった。それから数年の間に海上保安部、九州海運局に度々呼び出されて、こう説教された。

「他社が50年の間に起こす事故を、君の会社は4、5年の間に起こしている、7、8件は多過ぎる。海運会社の体をなしていないのではないか。国費乱用で訴えるぞ」

こう怒鳴るのである。事実は事実。船舶の沈没、エンジンの故障、漂流、座礁などを起こし、その度に第7管区の巡視艇やヘリコプターの世話になった。

しかし、事故を起こそうと思ってやっているわけではない。この商売にはつきものの事故である。呼び出しがあっても、私はへこたれなかった。

「なんという男か」「もうだめだろう、今度こそダメだろうと思っても、不死鳥のようによみがえってくる」

そんな話があったそうである。

呼び出されても、私は威勢よく出向いたが、それには前の陸運会社の社長から教わった特攻精神があったからだ。予科練の特攻隊上がりの社長は「他社が出る時は、その先を行け」「他社が怯《ひる》む時は臆せず出ろ」が口癖であった。攻撃の手を緩めず、他社より一歩先を行く。前の会社では、会社訪問に夜の接待にと、遊ぶ暇はなかった。友人と付き合う時間を持てなかった。それを20代で叩き込まれた私には、何事にも怯まぬ精神力が身についていた。

悔やまれることが、ただ一つあった。うちの社員がチャーター船(契約傭船)の荷揚げ作業中に、ウィンチ(荷揚げ装置)を頭部に直撃されて死亡した事故が発生した。これには衝撃を受けて、うなだれてしまった。事故はウィンチを操作していたチャーター船の船長の操作ミスだった。私は使用者責任を問われて、慰謝料を払った。悔やまれるのは、この亡くなった社員のことで、仲間に慕われる人のよい働き者だった。

ロータリークラブに入会

１９８０（昭和55）年、35歳のとき人生の転機が訪れた。ロータリークラブ入会と、その後、長崎県選出の西岡武夫衆議院議員の後援会長・代表世話人になったことである。

ロータリークラブへの入会には、友人からの誘いがあった。クラブの精神である、人の為、地域の為、社会の為に尽くすという奉仕精神に共鳴し、「喜んで奉仕活動をやりたい」と入会した。

ロータリーは米国ワシントンに本部があり、２０１カ国、１２０万人を超えるロータリアンがいる。「奉仕の理想」を信条として、自分の職業を通じて、地域社会に貢献する、国際的なネットワークで結ばれた団体である。高度な道徳的水準を維持して、国際親善と平和確立にも寄与している。１９０５年、米国シカゴで結成され、その15年後、日本は８５５番目の認証を受けた。

ロータリーはポリオ根絶推進活動で知られている。ポリオ、いわゆる急性灰白髄炎は感染性疾患で、５歳未満の子が罹患することが多く、身体麻痺を引き起こし、時には死に至ることもある。１９７９年、フィリピンで予防接種を実施したことを皮切りに、世界保健機関と組んだ継続した取り組みで、世界

韓国の姉妹クラブ、釜山の巨済（島）ロータリー訪問。歓迎行事で＝1992年

30億人を超す子どもを守ってきた。

ロータリー入会には、対馬をよくしたいという郷土愛が、もちろんあった。当時、対馬の人口は5万人を超えていた。その一人一人がお客さん、という意識で仕事に励んだ。地域奉仕は、そのお返しという感謝の気持でやった。

対馬の西海岸には、韓国からよくゴミが漂着する。そこで、韓国のロータリークラブに呼び掛け、一緒に清掃活動をした。諸官庁からも応援があり、日韓200人が参加して汗を流し、浜辺が見違えるように綺麗になった。

この清掃活動を通じて、クラブ同士の姉妹縁組が締結された。

平成の市町村合併で、対馬市が誕生した。それに伴い新しく市立図書館もできた。しかし、「収蔵する図書が少ない」と館長がいう。収蔵スペースは11~12万冊は見込めるというではないか。館長の悩みを聞いて、さっそく福岡県内のロータリアン3200名に呼び掛けて、3万冊を目標に活動を始めた。

「ロータリアンは自分の職業を活かして社会奉仕に貢献する」という理念がある。私はこのとき、那の津の会社に集まった図書がまとまり次第、段ボール箱に詰め、対馬に会社のフェリーで送った。結局、1年余りの活動で、2万数千冊を届け、館長の不安を解消することができた。

行政の手の届かないところを、我々ロータリークラブが入って解決に導く。その精神は、今も生きている。

職業と社会奉仕は車の両輪

ロータリーの奉仕精神は、世界、国内というグローバル性、地域、自治会というローカル性、さらには家庭にも生かされる。

１９９０年来日した盧泰愚大統領の雨森芳洲を称える演説に感動して、朝鮮通信使を蘇らせる活動にすっと入れたのは、ロータリー精神の賜であった。

私はロータリアンとして43年間勤めた。対馬の会員は20名。平均年齢68歳と高齢化している。

近年、ＳＤＧｓ、エスディージーズといって持続可能な開発目標が叫ばれている。これは理にかなった尤もなことである。

そこで、対馬ロータリーを存続させるには世代交代が必要と、若者のロータリーを組織しようと呼び掛けたら、12名集まった。この発足には、息子（二代目社長）が頑張ってくれた。地域社会の中堅どころで、職種もまちまちで故郷をよくしたいという志のある人たちが集まったことが嬉しい。

ロータリーの原点に職業奉仕委員会があるように、職業を活かしながら地域をよくするために頑張ろうという精神が大切である。仕事に精を出して、地域住民のために一生懸命に尽くすことが、ロータリーの精神にも通じる。

私の会社づくりの原点には郷土愛があり、それがロータリーに入ることで社会奉仕、地域貢献へと広がっていった。

職業と社会奉仕は、いうならば車の両輪。奉仕団体がなくなったら、地域も困るのではないか。世界的にもそうである。貧しい国のために、食糧支援や学校建設、井戸掘りまでやっているのは国連機関以外にも存在する。その大きな一つが、国際ロータリーである。

ロータリーの綱領に「奉仕の機会として知り合いを広めること」とあるように、人はお互い繋がっているという意識がロータリアンにはある。国際ロータリーの2011〜2012のテーマには「地域を育み、大陸をつなぐ」が掲げられたこともある。お互い助け合って、暮らしやすい、豊かな社会を目指すべきではないか、と考える。

西岡武夫先生の後援会長に

私の海運会社は、対馬の島民一人ひとりの生活必需品を扱い、博多から対馬間をつなぐ仕事である。速く、安く、安全に届けるという使命感が欠かせない。当時、対馬の人口は5万人を超えた。

「君の仕事は、対馬と博多の間に橋を架けるような役割を果たしている。毎日貨物船を走らせて、生活物資を運んでいるのだから、これは公共事業に値する」

こういってくれたのは長崎選出の衆議院議員・西岡武夫先生である。長崎県は西岡王国で、武夫先生の父親・竹次郎先生も母親のハル先生も国会議員を務めた。

武夫先生は、早稲田大学の雄弁会出身。海部俊樹、森喜朗両首相をはじめ歴々の政治家が、ここで弁舌を鍛えた。だから、西岡先生は演説が上手であり、言葉には訴える力があった。先生は文教族で、文部大臣を2期務め、自民党総務会長や参議院議長もされている。

私は37歳から西岡先生の対馬後援会長・世話人代表をやった。もらった色紙に、こうある。

「宿命に生まれ　運命に挑み　使命に燃える」

政治家に生まれたのが運の尽き、その道をとことん極め、自身に与えられた使命を果たそうとした。それが西岡先生の初心の志である。

私が対馬・厳原港の公共岸壁に社屋を建てられたのは、西岡先生のお陰だった。6年間、島民から預かった荷物を、岩壁に建てたテントに収め、雨・風と戦った。荷物を雨で濡らすこともあり、「お前の所にはもう世話にならん」と苦情を言われることが度々あった。つらい日々が長く続き、「これを何とかしないと、島民の信頼を失い、会社が行き詰まってしまう」と一念発起して、西岡先生を東京の議員会館に訪ねた。

私の話に耳を傾けてくれた西岡先生は「分かった。君の仕事は公共事業じゃないか」といって、すぐさま机の上の電話を取り、対馬支庁長に公共岸壁の上に社屋並びに倉庫をつくれるように交渉してくれた。

これが社業発展の大きな弾みとなった。厳原港祭りに合わせ、1989年から厳原湾の岸壁に立つ社屋屋上を開放して、日韓の納涼交流会を開くことも可能になった。遠来の客が集まり、飲み、食べながら歓談を楽しむ。港に上がる花火を鑑賞する。眺望がきく社屋屋上でのひと時が人気を呼び、毎年、事前に予約がある。会社が自発的にやるとはいえ、社員はボランティア活動である。食材の手配、搬入、配膳、接待など忙しく過ごす。

今日まで35年間やってこれたのは社員のおかげであり、彼らの働きがあったからこそ、日韓交流も続けられた。

このような草の根の日韓交流は、ほかにもあるはずだ。島民の公助に相当するこのような努力を、行政は高く評価すべきではないか。

司馬遼太郎の『街道をゆく』から

司馬遼太郎の『街道をゆく 13』に「壱岐・対馬の道」がある。ここに壱岐と対馬を比較した、面白い話が出て来る。壱岐の宿でのこと。朝食をとっていると、係りの中年の女性が、「対州へいらっしゃいますか」と尋ねる。

その言いぐさのなかに、「なぜあんな所へゆくんだとでもいうように—あるいは私どもを、ふしぎな連中とでも見るように眺めまわした」

女性は対馬を軽蔑している。

「対馬は貧しかですたい。貧しかなら貧しかごとやればよかばってん、厳原はあんな小さな町なのにバーが70、80軒もあるとですよ」「郷ノ浦には、2、3軒しかありませんよ」

この話から司馬は、こう分析する。

「壱岐も対馬も、旧分国では『国』である。両国の国都のバーの多寡については、基層文化が、農が濃いか、漁が濃いかというようにつながりはすまいか。」

産業でいえば、壱岐は農業、対馬は漁業が主力である。「漁業文化は農村とちがい、一攫千金の—むろん千金ほどでなくとも—可能性をつねに持っている。」

これがバーの多寡にも結び付く要因である、と司馬は指摘する。

司馬の「壱岐・対馬の道」は1978年、『週刊朝日』に連載された。それから45年が経過し、両島の置かれた状況は大きく変化した。観光業でいえば、本土に近く、〝博多の奥座〟といわれた壱岐は成長に陰りがみえるのに比べ、韓国・釜山が近い対馬は韓国人観光客が押し寄せ、島の経済を左右するほどの上向き状況にある（コロナ禍で途絶えた韓国人観光客が戻りつつある）。

「対馬人は覇気がない」……なぜか

「島外の人間から見ると、対馬人は覇気がない、積極性がない、五島の人と大違い」という経済人の話に、私はじっと耳を傾けた。五島列島と対馬を地盤とする政治家は、特に声を荒げてこの話をするという。

覇気がない、積極性がないのは、どこから来るのか。何が原因なのか。私は、人材不足の点も含めて、その理由として3点あげたい。

一つ目。幕末の対馬藩勝井騒動で、優秀な人材が100人以上、殺害されたのが尾を引いている。（勝井騒動とは1864年、勝井五八郎が攘夷の急進派に大弾圧を加えた事件）

二つ目。自立を促す離島振興法ができたにも拘わらず、これに甘えて自発的な努力、工夫がなくなった。

三つ目。島に閉じこもり、島外との交流がないため、考え方が単一的であり、幅がない。大所高所からの視点に欠ける。

以上のような、対馬気質を変えていかないと、将来の明るい展望は開けないのではないか。自分自身を客観視して、浮かび上がった短所・弱点を矯正していく持続的な自助努力が不可欠ということである。

これは対馬人に限らない。どこにいても、自分自身の能力を磨き、高めていくには、どうしたらよいか。そういった自分への問い掛けを忘れたとき、人間は堕落し、成長の道を自ら塞ぐことになるのではないか。

『街道をゆく』では、対馬に渡っても壱岐と対馬の比較は続く。これは気質についてではない。この点がさびしかった。

「壱岐で、対馬は壱岐より10年遅れている、とききましたが、本当ですか」（画家・須田剋太氏）

「しかし最近は変わりがありませんね。後進地というのは変わりはじめると早いんですよ」（永留久恵先生）

島の閉塞《へいそく》感の一つに、行政の壁の高さがある。新しい提案をしても、「失敗したら困る」からと、挑戦することをためらう。受けて立たない。自治体のメンツがあるのか。

官民一体となった取り組みが、主流となっている時代、対馬はどうも遅れをとっていると思うのは私だけか。民間活力の導入にも、後ろ向きである。

対馬には、企業誘致での成功事例がほとんどない。対馬に進出した企業は撤退している。その障害になったのは何か、マイナス要因は何だったのか。これをしっかり分析したのだろうか。その反省がないから、ずるずると同じことを繰り返すのではないか。

江戸時代、対馬藩は幕府から与えられた特権を生かし、対朝鮮外交はもちろん貿易も独占できた。ただし、対馬には貿易に使える産物がなかった。中継貿易が精一杯だった。

いまは、どうか。林業と漁業では、工夫次第で何とかなる。釜山への海外輸出を考えるべきではないか、と私は考えた。

「1秒いくらの人間になれ」

海運業の仕事と朝鮮通信使の、二足の草鞋を履いて今日までやってきた。朝鮮通信使は地域奉仕の活動に位置付けている。

会社勤めの折、大栄陸運の社長から「1秒いくらの人間になれ」といわれた。

新会社を起こし、その基盤を固めるため対馬通いを始めた。博多から対馬へは、ほぼ飛行機で通勤した。飛行機ならば対馬まで30分ぐらい、ジェットフォイルに乗ると2時間、無駄になる。15年間で、どれだけの時間、飛行機に乗ったか計算したら、約2500時間とでた。考えれば、3カ月間、機内にいたことになる。

飛行機通勤で、無駄な時間を省ける分、それを仕事と奉仕活動に充てた。

対馬では、私のことを「博多の人間や」と周囲の人はいう。それは、私が第三者の視点を持っていたからだと思う。

対馬の人間には当たり前のことを、私は「それでいいのか」と疑ってしまう。島にいると、灯台もと暗し。島外の人から批判的に見られることが往々あっても、対馬の人には、その感覚がわからない。このズレが問題ではないのか。次の世代を担う若者には、これを乗り越えてほしいとエールを送っている。

私は対馬で人に嫌われてもいいと思っている。声を大にしていいたいのは、島に閉じ込められ埋没してはいけない、閉塞感を打ち破ってほしいということである。

林業に活路、海外輸出に力を

対馬の生きる道は、日韓交流を外すと厳しいものになる。

江戸時代、日本が唯一外交を結んだのは、朝鮮だった。その対朝鮮外交を、幕府は対馬藩に一任し、貿易特権も対馬にだけ許した。これにより、対馬は経済的にも潤い、城下町の佇まいを整えた。人が動き、モノが動くことによって、島の経済は潤うことを、江戸時代の対馬藩は、我々に示してくれる。

江戸時代の対馬藩の朝鮮貿易は仲介貿易であった。博多商人を通して国内産を、琉球を通して南方産を入手し、それを釜山にある草梁倭館《チョリャンウェグアン》で売買した。

対馬は山林に覆われ、米も穫れない島である。島の産物は何か。漁業と林業に頼るしかなかった。魏志倭人伝に、有名な一節が、こうでてくる。

「山険《やまけわ》しく、深林多く、道路は禽鹿《きんろく》の径《こみち》の如し」

対馬は森林資源に恵まれている。林業は戦後、高度成長期に需要が殺到し、活況を呈したが、その後、洋材に押されて、国内産は振るわなくなった。長い低迷を経て、輸出品として木材も見直される時代を迎えている。

なかでも、伊万里（佐賀県）の企業が、中国輸出で成功している。いかに相手方の註文に応えるか。いかにユーザーニーズにこたえるかという対策を、伊万里の企業は確立させている。単発で終わらず、持続した受注を獲得するには、どうあるべきか。そこがポイントとなる。伊万里と同じように、輸出で成功しているのは島根県の林業界である。「伐って、使って、植えて、育てる」という循環型の林業を追及している。

対馬の林業界に問われるのは、管理態勢と品質の問題である。構造的な問題を乗り越えて、海外輸出できる体制をつくってほしい。

戦後、厳原を中継する日韓貿易ブームがあった。島内の竹が、福岡市内の業者の斡旋で「7月下旬韓国ノリのヒビ竹5千束が対馬林産共同組合から韓国全羅南道漁連あてに輸出」（斎藤隼人著『戦後対馬三十年史』対馬新聞社）されている。その後、「9月10日までに今年度の契約分1万2千束（300万円）が釜山や馬山に厳原港から輸出される」予定と同書に書かれている。

島起こし、行政の力あってこそ

この時代、日韓の間をとりもったのが民間業者であった。これからは、行政の真価が問われる。島内の輸出入業者と島外の輸出入業者の間に入って、商取引を円滑に進めるための役割を担うべきではないか。いや、それを果たすべき時代にきている。

私は、島起こしには行政の力が不可欠と考えている。長年の慣習に捉われ過ぎて、動こうとしないならば、失格である。

国から落ちて来る公共事業に頼っている時代、業者間の談合を度々、耳にした。しかし、時代は変わった。「待ち」から一歩も二歩も先んじて、事業を引きだす時代に来ている。

地元選出の国会議員が地方のためになる情報を首長に伝えてくる。いち早く、情報をキャッチして投げて来る。しかし、地方の行政は感度が鈍く、「どうも、うちでは」と、それを正面から受け止めない。これに腹を立てた国会議員は、「お前の所は立ち入り禁止」と申し渡したという。これは現実に起こった事案である。

行政は、地域住民のために動くことが大切である。

対馬に、かつて転県運動があった。地理的に近く、経済的依存度の高い福岡への転県である。これについて、西岡竹次郎先生が紋付、袴姿でいきなり対馬に来て、「4県（長崎、鹿児島、島根、新潟）の選出議員が主導して、議員立法による離島振興法が成立した」「10年ごとに更新できる時限立法だ」と国会の話をして、「対馬の面倒を見るから」と転県運動の火消しに動いた。

1953年に成立した離島振興法には、巨大な予算が次々とつぎ込まれ、1965年には90億円を超えるに至った。これによって社会インフラの整備が進んだが、島の生産基盤を内部からつくっていくカンフル剤にはならなかった。

離島振興法の立法化に奔走した民俗学者の宮本常一氏は、この風潮に「離島振興法ができたから島がよくなるのではない。島をよくしようとするとき離島振興法が生きてくる」と警鐘を鳴らしたようだが、広まるまでにはならなかった。

宮本は、次第にふくれあがった離島振興法予算が、補助金行政と政治家の一票獲得の餌にとってかわられてしまった現実に、離島振興法の成立に多少かかわった自分としては、しばしば強い憤りをおぼえるとも述べている。（佐野眞一著『旅する巨人』文藝春秋より）

宮本氏の主張は、要するに自立しなさいということ。しかし、対馬の人は、自発的な努力を怠り、工夫することをしなかった。国、県から落ちて来る公共事業に頼ることばかりをやった。ここに、対馬人の依存症が生まれた。この体質が現在まで続いているように思える。

それが今、対馬が揺れている核のごみ問題にも片鱗が見える。最終処分場選定の第一段階の文献調査に手をあげれば、国から20億円が落ちて来る。この金を利用して、島経済の活性化に結びつけようとする動きが表面化した。

この問題は子々孫々まで尾を引く重要な問題である。住民投票条例をつくって、島民全員から意見を聞くべきで、議会や市長たりとも決める権限はない。住民を無視したやり方で島の将来を決めることは、もってのほかである。

縁結び——命の恩人、対馬に

釜山の厳相周《オムサンジュ》会長が2023年4月、亡くなった。享年95。慶尚南道の河東《ハドン》出身。釜山で創業した福産産業株式会社という製薬会社を、大手企業に成長させた。経営手腕は、業界でも評判だった。長年の職務を通じて、日本の同業者との付き合いも広いため、日本から弔問に訪れた方も多いのではないかと思う。

幼少時代、川で水死するところを助けられた恩人を、厳会長は探していた。その話はこうである。

私が7歳のとき、河東に大水害が発生し、川が氾濫した。川にいた私は足元をすくわれて、溺れそうになった。水嵩が増しているのに、私は無警戒だった。私が水にのまれて沈みそうになったとき、網を投げて私を引き上げてくれた人がいた。日本人だった。そのことがあって、両親から「あなたは日本人の恩人を忘れたらいけませんよ」と度々言われた。その日本人の名前は来徳《らいとく》さんと言います。来るの「来」、徳のある人の「徳」と書きます。一度会って、お礼を言いたいのです。そうしないと、心のしこりがとれません。

膵臓を患っていた私は、懇意にする釜慶大教授の姜南周先生（詩人）の紹介で、かつて釜山の病院で診療を受けていた。そのとき、姜先生を通じて厳会長を知った。二人は河東出身で、厳会長が先輩格であった。

厳会長ご本人から恩人探しの話を聞いて、対馬に来徳姓の人がいることをすぐさま思い出した。自転車屋を営んでいる、あの来徳さんか。

大至急、対馬に連絡を入れ、数日後、福岡経由で対馬に帰ると、さっそく来徳家を訪ねた。史郎さんが家業を継いでいた。

「来徳さんの家は、かつて韓国に住んでいたことはないですか」と質問すると、「住んでいました。実は父親は韓国の河東に住んでいました」と史郎さんがいうではないか。そういうと、史郎さんは机の引き出しを開けて、書類を取り出した。戸籍抄本だった。

「ほら見てください。書いているでしょうが、慶尚南道河東と」。史郎さんの父親は房二郎さんといい、1899（明治32）年11月4日生まれ。

房二郎さんが厳会長の命の恩人だ。やっぱり間違いない、と私は確信した。そこで厳会長の恩人探しの話をして、「川で、韓国の子どもを助けたということを聞いたことはありませんか」と訊いた。

すると、「うちの親父は人助けをいろいろとやっていました。その子どもを助けるようなことも、親父ならやっているかも知れません」。

この史郎さんの話から、私は厳さんの命の恩人は房二郎さんに１００％間違いないとさらに確信を深めた。ただし、房次郎さんは既に亡くなって、この世にいなかった。

１億２千万人のなかの奇跡的な出会い。厳会長と来徳家との再会を、そのように思った。人の一生は幾つもの見えない糸によって結ばれている。それも日本が植民地支配した朝鮮に、ほのぼのとさせる、とてもいい話があったことを知り、私は目頭が熱くなった。

２００５年、日韓正常化40周年。この年明けの1月7日、釜山港から厳原港行きの高速船「シーフラワー」に乗って、厳会長と姜先生がやってきた。釜山の国際新聞の記者も同行していた。港には私と来徳史郎さん、慎二さん親子が出迎えに出た。恩人探し、70年ぶりの劇的な再会は、新聞に大きな扱いで載った。

房二郎さんのお墓に額ずいた厳会長は大粒の涙をぽろぽろ流しながら、お墓の房二郎さんに向かって話しかけていた。お礼の言葉を連ねたのであろう。新聞社のインタビューに答えた後、厳会長は「心

来徳房二郎さんのお墓に詣でる厳相周氏

おきなく、余生を送れます」と私に語ってくれた。

朝鮮通信使顕彰運動に長年、かかわってきた私には、これこそ日韓をつなぐ「誠信の交わり」だという思いでいっぱいになった。

それから18年後、厳会長は天寿を全うされ、95歳で亡くなられた。

五、対馬の先人から学んだこと

1　陶山訥庵

対馬藩の農政学者・陶山訥庵《すやまとつあん》は、「イノシシ退治」で、古くから最も対馬島民に親しまれた人物で、対馬三聖人に選ばれている。地形上、田畑が少ない対馬では収穫される作物も限られていた。そこにイノシシ被害である。農民が頭を痛めていたのは、当然である。

「生類憐みの令」が出た綱吉の時代、対馬藩の郡奉行だった訥庵は「対馬の食糧は、対馬でまかなわなければ、密貿易もなくすことはできない」という決意を固める。かつて、農民の原田三郎右衛門を薩摩に派遣して、隠密裏にサツマイモの生根を運び出し、対馬での移植に成功させた気骨のある儒学者である。

イノシシ退治の計画を周到に練っていた訥庵は、意を決して藩主、家老衆を説き伏せ、幕府に、その旨を願い出る。綱吉の「生類憐みの令」の治世下だったから、もちろん決死の覚悟である。幕府は困惑しただろうが、「イノシシの追い詰め」という名目で、許可を与えた。

訥庵の計画したイノシシ退治は、破天荒な大事業であった。

「対馬全島を横に端から端まで二重の石垣で九つに仕切り、犬や農民達が鐘や太鼓で追い詰め、火矢等で殲滅させる」

約10年の歳月をかけて、これを農閑期（冬季）に行い、おおよそ8万頭を退治するという前代未聞で壮大な事業だったが、ついにこれを完遂させている。

農民の喜びは、いかばかりであっただろうか。訥庵が農聖といわれたゆえんは、イノシシ退治に起因していた。

訥庵は12歳のとき、藩主の命令によって京都に出て、儒学者・木下順庵の門に入っている。勉学を重ねた訥庵は、門下生のなかでも「才知、胆力ともに素晴らしい。わが門の誇りである」と師匠から褒められている。訥庵は、後に対馬藩から入門してくる雨森芳洲の先輩でもあった。

対馬に戻った訥庵は、常に対馬の領民のことや、藩の内情を詳しく調べ、その実情に照らして、政治を進めることを藩主に説いた。ここに実学主義者の風貌を読み取ることができる。

朝鮮側の大がかりな密貿易が発覚した際にも、対馬藩の窮状に照らし、罪を免じ、代わりに藩主に対する、将軍からの御用命に役立てている。雨森芳洲は、逆に厳罰を求めていた。

訥庵は、12歳上であった賀島恕軒《かしまじょけん》（兵介）を常に兄のように尊敬し、その指導を受けていたという。民政の上で苦労を積み、藩の飛び地の肥前・田代で領民から慕われた恕軒は、この上もないよき先輩だった。

一方、芳洲は訥庵の前に出ると、緊張ぎみであって、対話ではどうしても引け目を感じたようで、話が済んで部屋を出るときには、額に汗をにじませていたそうである。芳洲は訥庵を尊敬よりも、むしろ畏敬していたようである。

現在、対馬農協を中心に、陶山訥庵の顕彰運動が行われている。だが、残念ながら、賀島恕軒、雨森芳洲のように活発ではない。というのも、いま再びイノシシやシカが島内ではびこり、農産物の被害が多発していることにも起因しているのではないだろうか。

もう一度、訥庵先生のような指導者再来を期待したいが、今の時代は、300年前のようにはいかない。動物との共生という問題もあるからだ。

陶山訥庵の、以上述べたような功績と生き様は、我々に様々な教訓を残してくれている。

「善と知って遂げざるはなく、悪と知って止めざるはなし」

その意味はこうである。善と思うことは、どんな小さなことでも進んで実行する。一度、決心したことは、実行に移し、迷わずに進みゆく。誠の勇気は、まず自分の怠け癖に勝ち、堂々と自分の道を歩むことである。

そう我々を戒めてくれている。

2 賀島兵介（恕軒）

対馬三聖人といえば、これまでは陶山訥庵、雨森芳洲、そして宗助国《そうすけくに》であった。聖人とは、高い学識・人徳のある人で、亀鑑として後世の人達が崇める先人である。

宗助国は、蒙古が襲来した文永・弘安の役のとき、博多に伝令を飛ばし、わずか70～80騎の手勢で小茂田浜に駆け付け、蒙古兵を迎え撃った勇猛の武士である。奮戦も及ばず、討ち死にし、死体は首塚・胴塚に埋葬されるほど、無残な最期だった。

田代領で功績、藩大目付に

宗助国は国を守ろうと勇敢にも戦った勇猛・果敢な士であるが、彼は三聖人のなかに入るべき人物か。私には違和感があったし、彼に代わって三聖人に入るべき候補を私は見出していた。

それは誰か。幕府から授かった対馬藩の飛び地である肥前の田代領で副代官を10年務め、飢餓に苦しむ農民を助け、治水・植林・養蚕など領民のためになる善政を敷き、「領民の父」と称えられた賀島兵介（恕軒）である。

賀島家は私の父の従弟に当たる縁があり、賀島家の末裔・猛さんとは付き合いがあった。賀島兵介に関する資料を読むにつれ、ますます兵介こそ三聖人にふさわしいという思いがこみ上げて来た。

それで、あるとき永留久恵先生に「三聖人に、賀島兵介こそふさわしいのではないですか」と質問した。すると、先生は「そう、もういいんじゃなかろうか」と答えられた。私は「もう」という言葉に、あの件が影を落としていたのかと思った。兵介の死に女性がからんでいる件である。

副代官を務めた田代領での実績が高く評価されて、いきなり藩の大目付になったのはいいが、藩主に提出した意見書が反発をまねき、伊奈に幽閉になっている。しかし、その意見書は後世、藩政に生かされているのを忘れてはいけない。

海岸寺（厳原町）にある賀島兵介の墓

25年前のこと。賀島兵介３００年供養祭の折、私にも声がかかったことから、兵介顕彰活動に思いを巡らせた。２０００年に鳥栖市文化会館のこけら落としで、鳥栖市民劇団が「賀島兵介物語」を上演したが、このとき、猛叔父や対馬ロータリークラブの会員を連れて観劇した。

永留先生がいわれたように、兵介は長い間、歴史に埋もれたことで「禊は終わった」と私は区切りを付けた。２０１６年、没後３２０年供養祭を主催するかたわら、賀島兵介顕彰会を起ち上げた。兵介が対馬三聖人となったのは、この頃からだろう。

２０２３年で、会は設立7年目を迎えた。この間、兵介がつくった縁を生かし、地域と地域の関係を発展させることに意を尽くした。

基山町、鳥栖市と対馬の子ども交流、３地域の小学校、対馬高校と東明館高校（基山町）へも交流の輪を広げていった。また、両地域の劇団やこどもミュージカルなどの相互公演も行ってきた。

若い人に賀島兵介を知ってもらうには、マンガがいい。そう考えて『賀島兵介―領民に愛された稀代の副代官』（梓書院）を発行し、私が監修を行った。

貝原益軒が「顔子・孟子に比すべき人物である」と評した稀代の名副代官！　人々の心を耕し、飢餓と貧困で荒廃しきった対馬藩田代領を救った賀島兵介の生涯。

これを対馬の小・中・高校に計300冊、無料で配布した。

賀島兵介顕彰会の活動を通じて、兵介が対馬三聖人の一人であることが島内で知られるようになった。そして、2022年には、第29回朝鮮通信使ゆかりのまち全国交流対馬大会において、対馬市民劇団による「賀島兵介物語」を公演し、島内外の人々にも一層知られるようになってきている。

現在は、対馬藩田代領であったことと賀島兵介の縁で、対馬・鳥栖両地区のロータリークラブも友好交流書を交わし、交流を進めている。

鳥栖市にある安生寺には、兵介を称える頌徳碑がある。毎年、命日の4月9日、旧田代領にあたる基山町、鳥栖市、対馬市の行政関係者が中心になって賀島祭を営んでいる。

2023年、命日を前に、安生寺を訪ねた折、石碑の文字が見えにくくなり、また傾いているのに気づいた。早速、基山の松田町長に報告をした後、業者に依頼し、文字の墨直しと三脚を組んで石碑を起こし、正しい姿勢に直してもらった。私費を投じてのリニューアルであったため、関係者に事の次第を詳しく報告させていただいている。

賀島祭には墨染め、墨直しの意味もある。1年毎に、溝に墨を入れて、顕彰の精神を新たにする。

対馬の賀島顕彰会は、そのような姿勢で4月9日に鳥栖の賀島祭に参加し、5月9月には対馬供養祭を催している。

「対馬物語」を対馬市民劇団で

秋田県仙北市に全国的に有名なミュージカル劇団「わらび座」がある。地域との共生を目的とした文化芸術的な役割を担う劇団であり、わらび座の公演は文化振興の一環として地域発信、地域づくりに結びつく芸術活動である。私は、わらび座の設立趣旨や目的に、自分の意図する思いと重なるところがあり、応援をしてきた。

2002年に、わらび座の是永幹夫代表が福岡の会社に訪ねて来られたことがあった。話を聞くと、朝鮮通信使を題材とした大作のミュージカルを作りたいので、ぜひ協力してほしいという。私は即座に快諾した。この大作は、翌年に完成したジェームス三木脚本・演出による「チェビ（つばめ）」である。早速、対馬で初公演され、約600名の町民が観劇した。

この後、通信使の国内各縁地での公演もあり、また韓国でも公演され、人気を博した。以来、わらび座との交流は続き、対馬での公演も5、6回は行っている。私は、わらび座との交流のなかで、いつかは対馬固有の歴史をわらび座で全国公演してもらいたいという気持ちを抱いた。予《かね》てより対馬には、NHK大河ドラマに採用されてもおかしくない歴史が存在すると思っていたからだ。

2004年の対馬市誕生時から文化協会会長を受け持っていた私は、ぜひ対馬の歴史を「文化の力」で島内外に発信したいと考えた。そのため、対馬藩「国交回復歴史物語」製作プロジェクト実行委員会を起ち上げた。

このプロジェクトは地域の元気再生事業として3年間、国の助成を受けて行う事業として進むことになった。当時、厳原地区公民館長であり、また対馬市文化協会の事務局長であった八坂一義氏がともに努力してくれた。

　当初、この事業は、わらび座と提携して行う予定であった。わらび座の本拠地・秋田芸術村にも出向いたが、請負金額が折り合わず、結局は「対馬市民劇団を創ろう」、そして、わらび座の協力を得て、公演にこぎつけようと秋田で決断した。それから市民劇団設立準備委員会を重ねて、遂に２０１０年に正式発足することができた。

鳥栖市民文化会館で、「対馬物語」を演じた対馬市民劇団のメンバーと＝2017年８月

　脚本家として有名なジェームス三木さんの東京事務所を訪ねて相談をし、さらには対馬にも来ていただき、対馬固有の歴史について話し合った。

　そのとき、三木さんはこういわれた。

「対馬に悲恋がありますか。ドラマが成功するには、悲恋と対立です。これが感動を生むんです」

　私は、秀吉の朝鮮侵略、関ヶ原の戦い、家康の平和外交、対馬藩決死の外交努力、その結果最初の朝鮮通信使が来日するといった、たかだか10数年の間に未曾有の経験をした対馬藩の試練を、宗義智《そうよしとし》公を中心にして話した。

　三木さんはさすがに優れた脚本家であった。その話の中から義智公の妻マリアに焦点を充てて、涙を誘う物語に仕立て上げた。

マリアは宗義智公に嫁いできた小西行長の娘である。関ヶ原の戦いで西軍に就いた小西のとばっちりは対馬にも及び、お家廃絶の危機に陥った。これを逃れるために義智公から離縁状をさし出されたマリアは、長崎へと下って行った。

完成した「対馬物語」は長崎、東京、韓国などで15回ほど上演され、好評だった。釜山公演では、流れる涙をハンカチで拭く観客もいた。さすが、三木マジックという印象をもった。

朝鮮通信使のユネスコ世界記憶遺産を訴求する一環として、東京の早稲田大学・大隈講堂で町田一仁氏による講演、対馬市民劇団の「対馬物語」上演を行った。このとき、江島潔参議院議員、旧対馬藩主・宗家子孫の宗中正さん、ジェームス三木さんも観劇に来られた。終演後、ジェームス三木さんに「先生、どうでしたか」と声を掛けたところ、こう返事が返ってきた。

「これはすごい。よくできている。対馬人の思い入れは違う。魂が入ってますよ。これに感激しました」

3 雨森芳洲

1990年に来日した盧泰愚大統領の宮中晩餐会答礼で紹介された雨森芳洲。さぞや日本政府筋は慌てたのであろう。江戸時代、対朝鮮外交に活躍した雨森芳洲という、偉大な先人について無知だったからである。それも、韓国の大統領から、その名を教えられるとは……。橋本龍太郎財務大臣が急遽、対馬に飛んできて、雨森芳洲について詳しく調査された。しかし、芳洲の墓所のある日吉地区の人達以外は、知らない人が多かった。

さすが、芳洲の生誕地である高月町（滋賀県）では違っていた。すでに１９２１（大正10）年ごろから顕彰事業が始まっていた。現、富永小学校の藤田仁平校長が、芳洲の履歴や業績を探し出したことから、主に教育者の間で、顕彰活動が高まりを見せていた。一方、対馬は江戸時代、藩の農政に大きな功績があった陶山訥庵を掘り起こして、顕彰を始めている。

大正年間、日本政府は国策として、それぞれに地域に眠る偉人を発掘させ、文教の風土を醸成するよう通達を出していた。その時代は、まだ国際化時代とはいいがたく、日本各地では住民生活に身近な農業や教育に脚光が集まっていた。対馬が陶山訥庵を選んだのもうなづける。

新しく迎える時代が、以前の歴史を投影し、その時代にふさわしい埋もれた人物を蘇らせる。いうならば、時代が登場人物を選ばせるように思える。

１９９０年頃、「来る21世紀はアジア太平洋時代になる」「日韓新時代が来るぞ」といわれ、21世紀の足音が聞こえ始めた時期であった。私は、新しい時代への期待に胸が高鳴っていた。

日韓新時代を迎えようとする気運が高まり、歴史が見直されていく中で、雨森芳洲なる人物にスポットライトが当たった。

実際、対馬では、１９９０年、盧泰愚大統

雨森芳洲肖像＝松原一征コレクションより
（対馬朝鮮通信使歴史館所蔵）

高月町は雨森芳洲の生誕地であり、書院も

領の演説を聞いた直後の6月に、私と渕上清さんが対馬芳洲会を組織した。初代会長には、永留久恵先生になっていただいた。それ以来、芳洲の事蹟を学びながら、次々と活動を展開した。

日韓友好碑の建立にはじまり、朝鮮通信使縁地への訪問活動、長崎県主催の「芳洲外交塾」、また各種文化講演やシンポジウムなど、対馬の受け皿として活動を広げていった。一方、釜山では、姜南周先生の率いる釜慶大学を中心に韓日文化交流が進んでいった。

芳洲は対馬藩内だけでなく、釜山にあった草梁倭館で外交官として活躍している。私は芳洲の事績を偲びながら、その足跡をたどるかのような活動を続けた。韓国での交流や活動のなかで、「この場合、芳洲先生ならどうしただろうか」と一瞬、思いをめぐらすことも多々あった。

芳洲の残した最大の事績は、対馬藩存続のための数々の業績に加え、対馬藩と釜山との外交関係、ひいては日本と韓国との持続可能な平和関係の構築であった。もちろん、そこでの経験や苦悩から導き出されたのが「誠信交隣」思想である。

誠信交隣とは「互いに欺かず争わず、真実を以て交わる」という外交・交流の精神である。二国間の親善外交はどうあるべきか。いかなる関係を保つべきか。現代にも立派に通用する思想である。また、市民同士の交流、「民際交流」にも生かせる指針であった。

この精神こそ、我々が日韓交流を続けていく上での、心の支柱としており、縁地連においても、交流の理念として「誠信」を掲げている。

芳洲が88歳で亡くなるまで、学問を続けた生涯学習は、我々の目標でもある。学問は「人となるを学ぶなり」であり、まさに人間教育といえる。私は生涯の目標としている。

4 景轍玄蘇と規伯玄方

韓国の呉在熙《オジェヒ》駐日大使から、「対馬に松雲大師《ソンウンテサ》の銅像を建ててもらえませんか」と言われたことがある。密陽《ミリヤン》の表忠寺《ピョンチュン》は松雲大師の寺で、この寺を見学すれば大師の事績がよく理解できる。それほど、大師は僧侶でありながら、救国の士であった。

秀吉の朝鮮侵略の折、義勇兵を率いて戦った。朝鮮侵略の後、戦後処理のため外交僧として、朝鮮政府から日本に派遣された。対馬止まりのところ、京都まで案内されて徳川家康・秀忠父子に会うことになる。日朝両国の和平は、京都会談で大きく動き始める契機となった。

外交僧として大きな役割

外交官の呉在熙氏からは、当時、日朝両国を結ぶ外交僧の役割がいかに大きいか、という話を聞かされた。そこで、江戸時代、対朝鮮外交を担った景轍玄蘇《けいてつげんそ》と規伯玄方《きはくげんほう》が対馬藩にいかに貢献したかを、考えざるを得なかった。

二人は激動の時代を、身を挺して対馬藩に尽くした。対馬藩と朝鮮を繋ぐ外交僧として、外交文書を書き、朝鮮との外交交渉をする上で、大きな役割を果たした。

西山寺（厳原町）の本堂に安置されている景轍玄蘇の木彫の像

景轍玄蘇は秀吉の朝鮮侵略にも、戦後の和平交渉にも骨身を削った。規伯玄方は日朝間の友好・平和に尽力した。二人とも通信使の接伴僧として、江戸まで随行している。

外交僧とは何か。国際関係を円滑に進めるため、紐帯の役を果たす存在である。現代のように外交官がいない時代、漢籍に通じる該博な知識を持ち、漢詩文をつくれる禅宗系の僧侶が、外交任務に駆り出された。

規伯玄方は1604年、松雲大師を案内して京都まで行った景轍玄蘇の伴をしているが、そのとき実感したはずである。京都では五山の高僧らが、松雲大師とあって漢詩文のやりとりをして、どの程度の外交僧か品定めしている。すでに、大師の事績をあらかじめ知って応対したが、器の大きさには畏敬の念を覚えたほどである。外交僧は、相手国の評価を得てこそ、交渉ごともスムーズにいくことを玄方は知ったはずである。

厳原港を見下ろせる場所に立つ西山寺は江戸時代、来日した朝鮮通信使の客館になった。臨済宗の寺で、本堂の本尊の両脇後ろに、木彫の像が安置されている。対朝鮮外交に尽力した景轍玄蘇と規伯玄方の像である。

1995年、縁地連結成大会の折、以酊庵祭りが開かれ、外交僧として活躍した二人が紹介された。師弟関係にある二人は宗像出身である。

周防の大内氏と密接な関係にあった宗像氏は、朝鮮に使者を送るほど善隣関係を重視した。朝鮮の歴史書、申叔舟《シンスクチュ》の『海東諸国紀』には、1485年、「宗像朝臣氏貞の使いが来朝」し、「歳使遣船を1年に1艘を約束」とある。それほど宗像氏は朝鮮との交易を盛んに行っていた。

宗像氏は北部九州の有力領主であるが、朝鮮側にとっては元は倭寇の頭領であるとして、警戒していた。

宗像氏は正氏の頃、周防の大内義隆の配下に入る。大内氏は、朝鮮三国の一つ、百済の王族の末裔を自称するほど、朝鮮になびいていた。周防の大内氏と宗像氏は、朝鮮との通交を重んじることで、繋がっていた。

このような宗像の風土を考えると、後に、対朝鮮外交に活躍する景轍玄蘇と規伯玄方が出てきても、不思議ではない。

宗像出身の二人、承福寺に縁が

私の家は糟屋郡須恵町にある。宗像はそれほど遠くなく、新鮮な魚を求めて宗像の「道の駅」へ買い出しに出掛けることがある。そのとき、必ず玄蘇と玄方ゆかりの承福寺に寄る。この寺が近付くと、「上八」という地名、交通標識が現れる。読みが難しい。「こうじょう」と読む、その由来は、本来、上入とあった地名だそうで、年貢を領主に納入する意と聞いている。または、「上八」の八は、条里制の条が変化したという説もある。

古い歴史をもつ地域である。湯川山の中腹に承福寺はある。寺の石段を登り、振り返ると、木々の間から玄界灘の海原が広がり、その遥か彼方に、見ることができないが対馬がある。そういう環境で育った景轍玄蘇と規伯玄方は、将来外交僧として対馬に来るとは夢にも思わなかったであろう。

景轍玄蘇の一族は、もとは伊豆国の出身。玄蘇は河村家の次男である。代々大内氏の家臣をつとめるが、義隆が陶晴賢の謀反で没すると、河村家は、お家断絶に瀕する。のちに隆業のとき、再興された。彼には2人の娘がおり、その一人が博多の豪商、神屋宗湛に嫁いでいる。

士族の河村家だが、景轍玄蘇は仏門に入り、修行を重ねて聖福寺の住持にまでなる。そこには湖心《こしん》碩鼎《せきてい》という外交僧がいた。彼は周防の大内氏が主導する遣明使節の正使を務めるほどであった。景轍玄蘇は彼の薫陶を受けて成長した。その後、対馬藩主義調に招かれて、対馬へ渡り、外交僧として活躍した。

規伯玄方は宗像氏の家臣、桑野家の子息。景轍玄蘇と同じ聖福寺から対馬に渡った。玄蘇を慕って弟子となり、24歳で以酊庵の第2世になるが、本人はこれに満足せず、藩主の許しを得て京都五山で修行し、わずか半年で平僧から五山の住持職へと駆け登った。

外交僧として、実力が試されたのは1629年。朝鮮が後金（のちの清）による侵攻の脅威にさらされた折、幕府の命を受け、朝鮮の都まで事情探索に出向いて、成果を収めている。

対馬で外交僧として活躍した二人の師弟関係は、後々に継承されることなく、2代で途切れてしまった。

国書改竄発覚、玄方は盛岡へ流罪

将軍家光の時代に、対馬藩は「お家廃絶か」と言う危機に見舞われる。江戸詰めの藩家老・柳川調興の訴えで国書偽造、国書改竄《かいざん》が発覚し、多くの藩関係者が処罰（流刑・死罪）された。規伯玄方も巻き添えとなり、東北、盛岡の南部藩に流された。国書改竄はすべて柳川智永《やながわとしなが》・調興《しげおき》父子の仕業だが、それを知りながら幕府に報告しなかった罪が問われた。

24年間、盛岡暮らしを強いられた規伯玄方は、方長老という名で親しまれ、多くのことを南部藩にもたらした。清酒の製造方法、黄精飴《おうせいあめ》という菓子の製造法、作庭、高麗ぐるみなど、伝えたものは数多い。

規伯玄方と接することで、南部藩主や藩士も、国境の島・対馬、海峡を超えた朝鮮半島の文化・風俗などを聞いている。その噂が流れ、遠くから南部へ規伯玄方を訪ねてくる人も多かったようである。思えば、外交僧は異国の人達と交わることで、異国をまるごと伝えるメッセンジャー役を果たす使命も与えられていた。いわば文化の伝播者である。盛岡での規伯玄方の働きをみると、それが浮かび上がる。

対馬にとっても、景轍玄蘇と規伯玄方が残した文化的、精神的な遺産を点検してみることが必要ではないかと考える。1995年、縁地連結成大会の折に開いた以酊庵祭りが継続して行われることを望みたい。

六、ドイツ財団の平和シンポジウムから

ドイツ財団のハラルト・コンラット代表から国際シンポジウムを開きたいが、それに協力してほしいという要請があった。「戦後、ヨーロッパのドイツとフランスの和解を引き合いに、北東アジアを眺めた場合、17世紀から19世紀に日朝間を往来した朝鮮通信使が築いた平和友好は大きい」といい、「朝鮮通信使とはいったい何だったのか」を考えたいという。

「地域統合と歴史和解」テーマに

シンポのテーマが「地域統合と歴史和解―ヨーロッパと北東アジアの比較から見る地域交流の役割」と聞いて、これならばやれると、私はすぐさま参加の意向を示した。

東京のドイツ文化会館で、２００７年6月30日に開催されるシンポを前に、福岡に降り立ったコンラット代表と博多駅前のホテルでお会いした。シンポの目的について、彼はこう説明された。

①20世紀は戦争の世紀であり、その緊張関係が今も、なお隣国同士や関係地域に安定や発展の重荷となっている現状がある。

②戦後憎しみを超えて、隣国フランスと和解を果たしたドイツは、その経験から東アジア地域に何らかの貢献ができるのではないか。

③東アジアでは、「過去の克服」のプロセスの成功例として、ドイツがよく引き合いに出される。ドイツで実際に何が行われたのか。

コンラット代表は、「通信使が蘇り、現在も行き来している」「通信使を顕彰し、通信使の平和思想を拡げる活動をしている通信使縁地連絡協議会に注目した」「地域交流はどうあるべきか、発言してほしい」といい、シンポへの出席を正式に要請してきた。

それを聞いていた私は、コンラット代表が3番目にあげた、「過去の克服」に通信使に果たせる役割があると思った。

歴史を振り返ると、明治維新政府は、西洋列強にならい近代化、富国強兵を進めた結果、アジア侵略に動き出した。甲午農民戦争（東学党の乱）がきっかけとなり、日清戦争、日露戦争へと突進する。これに勝った日本は朝鮮支配への野望を露わにした。

親日政権をつくって、背後で操縦した日本は１９１０年、朝鮮を植民地支配することに成功した。

これによって、江戸時代、通信使の往来で築き上げた日朝の友好・平和は崩れ、通信使は歴史から姿を消した。朝鮮を植民地支配する日本政府の論理からは、日朝友好の懸け橋となった通信使は目障りでしかなかった。そのため、長く歴史に埋もれた通信使は、日本の敗戦後、在日研究者の発掘によって蘇り、両国を結ぶ懸け橋の役割を果たすようになる。

コンラット代表にいわせれば、それを民間レベルで先導したのが、１９９５年、対馬で結成された朝鮮通信使縁地連絡協議会となる。我々もその気概と自負は固持している。その思いと、顕彰運動を続けた波動が釜山にも伝わり、「朝鮮通信使文化事業会」誕生につながった。これにより、海峡を越えて民間主導で日韓を結ぶための活動が可能となった。「21世紀をアジアの時代へ」「対立から対話・協調の時代へ」を前面に、通信使の「誠信」思想をもとに、取り組んできた。

この話を聞いたコンラット代表は、東京のドイツ文化会館において6月30日に開かれたシンポジウムでの基調講演で、独仏二国間の和解の道について、次のように発言した。

独仏は第二次大戦後1963年に、それまでの長年にわたる憎しみや怨みを超えて、友好関係を結ぶ独仏協力条約（エリゼ条約）を正式に締結した。その条約の署名は、独首相のアデナウアーと仏大統領のシャルル・ド・ゴールであった。条約締結にはこの著名な二人の指導者の英断によるところが大きかった。

パラ・パブリック活動とは

この後の話が、私には興味深かった。それはパラ・パブリックというあまり馴染みのない準政府、準公営による第三者の国際活動である。

パラ・パブリックは、国境をはさむ二国のいずれの公的セクターにも民間セクターにも属さない、国境を超えた活動を展開する。その活動は、通常の国家対社会、ないし公対民という二分法では分類し切れない。繰り返しになるが、準政府、準公営による第三者の国際活動である。

コンラッド氏はこう続けた。

市民レベルの和解においては、国家レベルではなく、地方レベルでのパラ・パブリックの組織と、一般市民の地道な交流活動が土台となっていた。これを、両国政府の強力な支援のもとに広範な活動が実施されてきた。

独仏関係におけるパラ・パブリック活動は、三つの大きな柱によって構成された。

①独仏青年交流センター。単独でも1963年以降、700万人の交流実績をあげている大規模な青年・教育交流

②独仏の市町村や、フランスの県・州とドイツの郡や連邦州の間にかわされた2000件にあがる姉妹都市関係

③独仏関係の強化・向上に尽力する数多くの機関や教会の存在

独仏共同のメディア機関の設置

④これを後押しする上で不可欠なものは、政治力、両国指導者の決断、国家や公的資金の継続的な支援などである。

官民一体となって「国境の島・対馬」の地から発信した朝鮮通信使による地域おこしには、パラ・パブリック活動を後押しする政治力、両国指導者の決断、国家や公的資金の継続的な支援などはなかった。ひとえにゆかりの自治体と民間組織（個人を含む）によって推進され、いまや島内に留まらず、国内のゆかり地1都2府11県に広がった。官民合わせ25ヵ所の市町が参加し、多様な地域間交流から地域振興へと波及した。

しかし、我々の活動は、独仏の和解（エリゼ条約締結）によるスケールメリットにはとうてい及ばない。シンポジウムで聞いたデータに驚いた。

それによると、独仏間では２２００もの姉妹都市がある。第二次大戦後、欧州では姉妹都市をはじめとする自治体レベルの交流活動が活発になり、それによって融和、相互理解、統合促進に重要な役割を担ってきたという。

欧州とアジア。大戦後の動きがまったく異なる。これは民族性の違いにも影響するのだろうか、と思ったほどである。

東京国際シンポジウムで「地域統合と歴史和解」をテーマに討論。中央は片山善博氏（慶応義塾大教授）＝2007年

もっと日韓の民間交流を活発に

6月30日に開催されたフリードリヒ・エーベルト財団主催のシンポジウムには、私と元鳥取県知事の片山善博・慶応大教授、「釜山日報」（韓国）の金銀英《キムウニョン》・国際部長が参加した。

「地域統合と歴史和解」のテーマに沿って、討論は進んだ。片山氏は県知事として在任中、県独自に韓国・江原道との地域間交流を進めたという。その間の、次のようなエピソードも興味深かった。

鳥取県と江原道の小学6年生に、「大切に思うこと、思うものは何か」と質問したところ、鳥取の児童は「試験の成績」、江原道の児童は「親孝行」が大半を占めた。異文化理解に通ずる話で、互いの違いを知り、それを認めることから真の交流は始まることを示唆する格好の事例といえた。

金銀英氏は、釜山と福岡両市が姉妹都市締結にまで持ち込めたのは、「市民交流が活発になったおかげであり、その先導役を果たしたのが釜山日報と西日本新聞である」と述べた。両紙は2002年から記者交換制度を始めている。

私は、こう発言した。

通信使を縁にした国内縁地間で、あるいは韓国縁地間との姉妹縁組や、日韓の学校同士の縁組みも生まれてきています。将来、夢ではありますが、通信使の日本国内ゆかりの地約60ヵ所と韓国のゆかりの地約55ヵ所が、それぞれ縁結びをすれば、日韓両国は心の通った姉妹国になるわけです。そのためには、もっともっと民間交流を活発にさせなければならないと思います。

途中、テーマの「地域統合と歴史和解」に触れる部分を入れた。それは、1995年に対馬で結成された縁地連の理念についてである。

縁地連の目的は、朝鮮通信使の意義の伝播と研究、広域縁地間の連携による地域振興と、「アジア共生」の理念から韓国内縁地との交流促進、ひいては日韓の友好親善に寄与するものを掲げている。「地域統合と歴史和解」に、朝鮮通信使の果たすべき役割は大きいのではないだろうか。

七、ユネスコ世界記憶遺産、登録への道

朝鮮通信使の道のりにおいて、私は大きな縁と幸運に恵まれた。その最大のものが、姜南周先生との出会いだった。1994年、姜先生が福岡大学訪問研究員として福岡に滞在された際、対馬の韓国人観光客誘致にも尽力されていた、知り合いの高光喆《コウグアンチョル》氏（釜山市観光協会専務理事）の息子さんから姜先生を紹介された。私は、お会いしてすぐに、朝鮮通信使の取り組みへの協力をお願いした。「私は通信使が専門ではない」と姜先生は乗り気でなかった。しかし、付き合いを重ね親密になるにつれて、心動かされるものがあったようである。

後年、姜先生はこう振り返っている。

彼は通信使の事に関心を持った私が帰国すれば、何かやってくれるのではないかと期待していた。このことが私を刺激した。その意に漏れず、私は帰国しても朝鮮通信使に関心を持ち続けた。

とはいえ、研究員を終えて帰国された姜先生は国立釜慶大学で総長に選ばれ、通信使どころではなくなる。任期を終えた4年後、やっと私の期待に応えて、朝鮮通信使文化事業会（のちの釜山文化財団）を立ち上げて、日本の通信使縁地との交流事業を本格化させた。

釜山で通信使顕彰事業を牽引した姜南周氏（左）＝2003年、朝鮮通信使文化事業会の発足式で

姜先生の行動力、企画力、政治力に私は目を見張った。とりわけ、釜山市長に通信使の歴史的価値を吹き込み、釜山に朝鮮通信使祭りを創出する原動力になったことには驚いた。

ユネスコ世界記憶遺産登録も姜先生から提案があった。2008年頃、釜山で開かれた通信使の行事終了後、2人で歩いていると、「いずれは朝鮮通信使を世界遺産に……」というアイデアをつぶやかれた。私は少々驚いたが、迷うことなく「ぜひ一緒にやりましょう」と応じた。姜先生の話を聞きながら、「いよいよ、その時が来たか」と胸が高鳴る思いだった。

姜先生は総長時代、「プシャフプラン」を提唱し、釜山と上海、福岡の3港湾都市の交流・連携を訴えた。「プ」は釜山、「シャ」は上海、「フ」は福岡の略称で、3都市の産官学の連携によって、東アジアに波動を起こそうという広域性のあるものだった。これに応えて、報道機関の「釜山日報」がキャンペーンに乗り出した。「プシャフ」は釜山市に影響を与える力を持っていた。

この姜先生の提唱を具体化するため、釜慶大学に東北アジア文化学会が設立され、3港湾都市の拠点大学で、学術会議が盛んに行われた。「姜先生のやることはスケールが大きい」と私は感心し、当時冷え込んでいた日韓の政治状況を好転させていく強力なパートナーを得た思いを強くした。

私は約30年余り、通信使に深くかかわり続けているが、ユネスコ登録までの道のりは、姜先生との出会いがなければ、日韓共同のユネスコ世界記憶遺産登録の偉業はなしえなかったかもしれないと思っている。もちろんこれには、先人たちのこれまでの地道な活動があってこそ、最高の栄誉が得られたのだという感謝の念を抱いている。

では、2012年5月に日韓共同でユネスコ登録活動を始めてから、2017年10月末、登録が叶うまでの約5年間の歩みを振り返ってみたい。

姜南周先生が発案

思えば、朝鮮通信使ユネスコへの道は、遠く険しかった。

きっかけは、2012年5月5日、釜山であった朝鮮通信使釜山祝祭行事の交流晩餐会の席でのこと。挨拶に立った釜山文化財団の南松祐《ナムソンウ》代表理事から「朝鮮通信使を日韓共同で世界遺産に（登録する運動は）どうですか」との提案があった。私は、即座に「やりましょう」と返答した。

帰国すると、さっそく私は動き始めた。5月14日、長崎市で谷川弥一衆院議員、坂本智徳県議、堀江政武市議と会食懇談した際、朝鮮通信使のユネスコ登録推進への支援をお願いした。この後、谷川弥一議員の指示により、改めて翌15日に長崎県庁を訪れ、企画振興部の金子知充政策監に同じ趣旨の要望をした。

6月20日には、対馬市長に面会し、以下のような意見を申し述べた。

今回、朝鮮通信使を世界遺産に登録することを目指すのは、対馬がこれまで約36年間、通信使の事績を国内のみならず韓国にも発信してきたことの集大成である。通信使を世界に知らしめることは、とりもなおさず対馬の復権と国際性の回復を果たすことにつながる。だからこそ、朝鮮通信使の世界遺産登録は、対馬が中心となってやらなければならない。

かつて対馬が果たした役割や重要性を世界に示すことにより、当時良好だった日韓関係を今に蘇らせることができる。以て、現在の日韓情勢の厳しい膠着状態を打破すべく、糸口を提供する重大な役割を担うことになる。

10月1日、対馬で世界遺産登録をめざす特別講演会を開催した。このとき、講師の一人として、西村幸夫・東大副学長をお招きした。この方は、ユネスコ世界遺産関係の役職を歴任された国内の第一人者である。西村氏から、次のような貴重な提言をいただいた。

①登録対象には物語性が大切だが、朝鮮通信使にはストーリー性もある。

②ユネスコが目指す最終目的は世界平和であるが、平和・友好の事績である朝鮮通信使はこの点にも合致する。

③6つの評価基準のうち「価値観の交流、文化の交流」にも適合する。

などの指摘があり、「これは大いに期待できる」と私は意を強くした。

参考になったバルト3国の登録事例

10月19日、釜山市でも世界遺産申請を見据えた「朝鮮通信使韓日ネットワーキング・シンポジウム」

が開催された。このシンポのなかで、意外な話を聞いた。過去にも、日韓で通信使の世界遺産共同登録を目指す動きがあった、というのである。

２００７年７月東京で開催された「朝鮮通信使を日韓共同で世界遺産へ」というテーマを掲げた国際シンポジウムや、その翌年１月に日本建築博物館と日本イコモス（世界記念物遺跡会議）、韓国建築歴史学会の主催で、同じく東京で開催された日韓シンポジウム「朝鮮通信使の道」がそれである。

ただし、このときの日本からの共同登録呼び掛けに、韓国側が応じていない。

その後に分かったことだが、実は朝鮮通信使の文化遺産（不動産）は、日本に数々あっても、韓国側には全く残されていないということが理由だったらしい。結局、動きだそうにも韓国側が呼応することができなかったというのが真相のようだ。

この釜山でのシンポの中で、日韓共同で世界遺産登録を目指す上で、方向性を示してくれたのがバルト3国の登録事例、「人間の鎖」である。バルト3国はリトアニア、ラトビア、エストニアで、3国の約２００万人が国境をまたいで手を繋ぎ、ソビエトからの解放を訴えた事績が世界記憶遺産に登録されていた。

この発表を聞き、文化遺産登録を目指す方向性は残っていたものの、バルト3国の事例をもとに、記憶遺産として登録を目指す機運が一気に高まっていった。

懸念材料が表面化、登録先取りの動き

これに水をかけるような、懸念材料が表面化した。それは何か。

韓国側の申し出により、以前から業務提携関係にある韓国国立中央図書館と日本の国立国会図書館との間のプロジェクトである。「通信使文献の世界記憶遺産登録」へ、両図書館所蔵の朝鮮通信使関係資料（韓国側は使行録、日本側は筆談唱和集）を中心に、日韓共同で登録を目指す計画が進行していたことである。

これは２０１５年の「日韓国交正常化50周年」をにらんだ計画であるように思えた。しかも、日本国内に広範囲に残存する通信使遺産のうちその一部だけが対象であり、両国の国立図書館が中心になって進める手法にも、大きな疑問や疑似を感じずにはいられなかった。

「あくまで共同申請で行こう」

日韓共同申請へ模索は続いた。２０１３年も、訪問先と行事が多岐にわたった。

釜山文化財団、国会図書館、韓国大使館、「朝鮮通信使交流議員の会」の河村建夫会長と谷川弥一幹事長、下関馬関祭り、第20回朝鮮通信使ゆかりのまち全国交流瀬戸内大会などである。

2月19日、対馬に釜山文化財団の車載根《チャジェグン》室長を迎え、共同申請に向けた協議会を開いた折、確認した点は、次のことだった。

「両国とも単独では申請せず、朝鮮通信使がもつ性質に鑑みて、『あくまで共同申請で行こう』。それには政府主導か、もしくは政府の関与が必要である。」

12月19日、福岡市で開いた「世界遺産推進三者会議」で、長崎県と対馬市が合同で文科省を訪問した際の報告があった。これが驚きであった。それによると、文科省から「申請主体は民間でも個人でも可能であり、むしろ民間で推進するように」という示唆を受けたというのである。

報告を聞き、国や県が申請主体になることが難しいとなれば、「縁地連でやるほかはない。これは大変なことになる。しかし、決断しなければならない。『船出』して1年半余り、もう引き返すことはできない」と私は思った。

『朝鮮通信使ジャーナル』に寄稿

2014年、1月21日、第2回「世界遺産推進三者会議」を開催し、申請へ向けての方向性と骨子が固まった。

推薦書の最終文面を学術委員会で完成させ、推進部会に図る。この事案は、韓国側との擦り合わせが必要となる。日本側が骨子を作り、韓国側に照会して擦り合わせる方法でいくことにした。

申請を推進する学術委員会のメンバーには候補として次の方々を選出した（敬称略）。

仲尾宏（委員長、京都造形芸術大学教授）、佐々木悦也（高月観音の里歴史民俗資料館学芸員）、町田一仁（下関市立考古学博物館館長）、米谷均（早稲田大非常勤講師）、佐伯弘次（九州大学教授）、北村英一（長崎県立対馬歴史民俗資料館館長）

3月6日、釜山文化財団から、『朝鮮通信使ジャーナル』に掲載する原稿依頼があった。通信使ユネスコ登録を推進する活動の一環であることから、多事多端であったが、時間をみつけて書いた。思いを込めたのは、以下の部分である。

朝鮮通信使が日朝間を往来していた17～19世紀は、日朝間には争いのない平和な時代が続いていた。このことは、東アジアでの相対的安定の実現に寄与し、また文化的共通性（漢字・儒教など）の実現にも貢献した。総じて、２世紀以上にわたり、東アジアの平和・相互不可侵・文化交流による蔑視観の克服の過程での遺産であり、未来へと繋がる遺産であると信じる。

朝鮮通信使の記憶遺産申請事業には「民際交流」という大きな意義がある。もちろん、国と国とのつきあいも重要だが、それ以上に民と民の関係がより重要である。このたび日韓両国を代表し、民間同士の共同作業で登録を成し遂げることができるならば、これに勝る価値はないと思われる。是非、よきパートナーシップをもってユネスコ登録を達成しようではないか。

「記憶遺産日本推進部会」が発足

５月14日、第３回世界遺産推進三者会議で、長崎県の動きに、誤解した発言や不信感があることについて、私は意見を申し上げた。

それは、日韓共同申請の当事者は、縁地連と釜山文化財団であるはずだが、長崎県と釜山市が共同で登録をするかのような報道による誤解が縁地連内部や一部市民からも出ている。このため、「市民にも分かるように、一度、釜山文化財団を加えた四者で記者会見する必要がある」と提案し、県側にも了承をいただいた。

５月21日、滋賀県高浜市で開いた縁地連理事会で、「朝鮮通信使ユネスコ記憶遺産日本推進部会」が発足し、いよいよ共同申請に向けて大きく踏み出した。同会は、対馬市、長浜市、近江八幡市など５自治体による実務組織である。地元紙は翌日の朝刊で、「古くからの友好関係を大切にし、日韓関係の改善を進めるために、韓国とともに記憶遺産へ申請し、17年の登録を目指している」と報道した。記憶遺産の登録資料として対馬の「宗家文書」が候補に挙がっていることに対して、行政関係者による協議が行われた。これまで長崎県側の提案によって、宗家文書（対馬市所有）を登録リストに加えようとしてきている。しかし、ここ数年来、私は、宗家文書と朝鮮通信使は一応分けて、「宗家文書」については、近い将来「対馬宗家文書と日朝関係遺産群（仮称）」という形で対馬独自で世界遺産に申請した方がよい、との考えを持っていた。「今回のリストアップは少々疑問ではないか」と問題提起した。

韓国側学術委員長に、姜南周先生

6月、韓国側学術委員長に、姜南周先生が就任した、と連絡があった。私としても、最初からお引き受けするようにお願いしていたことでもあり、大変うれしかった。

姜先生とは、1990年代初め、福岡で運命的な出会いをしてから今日まで、日韓の海峡を結び、朝鮮通信使交流事業を「二人三脚」で走ってきた。その朝鮮通信使が、いよいよ最終段階にある「ユネスコ記憶遺産」登録に向けて踏み出した。共に手をつないで、一緒に最終ステージに上がろうではありませんか。そんな熱い思いでいた。

これと併せて日本側も学術委員会を発足させた（敬称略）。

▼委員長＝仲尾宏、委員＝貫井正之（名古屋外国語大学講師）、倉地克直（岡山大学教授）、佐々木悦也、町田一仁、斎藤弘征（対馬市文化財保護審議会会長）▼オブザーバー＝松原一征

申請に向けて、日韓の動きが加速していった。姜先生からも度々電話があった。NHKテレビの取材撮影が入り、慌ただしいなかだったが、次のことを確認し合った。共同申請する際の「概要」について、そのストーリー性は「平和」「平等」「文化交流」であるという認識を確認し、特に「平和」を中心とすることで一致した。

8月25日、下関市で初の「ユネスコ記憶遺産登録日韓共同推進会議」が、9月16日には福岡市で第1回日韓代表者会議が開かれた。登録資産リストについて、その期限設定や概要案の提示時期について意見交換した。

文科大臣から「ちょっと待った」

10月29日、坂本智徳・長崎県議から突然電話があった。谷川弥一衆院議員から伝わった話である。それによると文部科学大臣から日韓共同で朝鮮通信使のユネスコ登録を目指す活動について、「ちょっと待った」とストップがかかったというのである。何ごとかと驚いて問いただしたところ、歴史認識問題である。

2005年の『日韓歴史共同研究報告書』の「朝鮮通信使（近世編）文献目録」の中で、韓国側で読まれている啓蒙書として引用されている本の中に、韓国側が優位に立ったものの考え方や日本側の文化の低さ、再侵略の恐れがあることや二国間の外交的地位が対等でなかったことなどが書いてあるという。これを文科大臣が見て驚き、憤慨して先のような発言になったようだ。誰がいつ、何故、大臣にそのような古い文書を見せたのかは不明である。

私は、坂本県議に「そのような古い啓蒙書の文言は、韓国の歴史教育からすれば想像できるが、私たちは民間同士であり、ある程度は歴史認識をすり合わせができると思っている。ユネスコへは、政府間ではなく民間同士で申請するので、確かに懸念されることはあるが、大丈夫です」と答えておいた。それで納得いただいたようだったが、突然の電話で驚いた。

これ以降も、歴史認識問題が日韓学術委員の間にも影を落とし、意見の対立・衝突が起こることになる。

12月20日、韓国・釜山市で開いた日韓共同学術会議。日本側の申請資料ジャンル案の中に「外交使節としての通信使文書の『国書』」がある。これについて、韓国側の釜山大学史学科教授が異論を提起した。発言の趣旨を要約すると、以下のようになる。

- 国書は、そもそも本物なのかどうか。
- 国書は、韓国には残っておらず、交換したという事実が立証できない。
- 韓国と日本の国内で政治的に利用される恐れがある。「朝貢使」とみなされやすいのではないか。
- 朝鮮通信使をよく知らない人たちが政治的な発言をする恐れがある。

以上のような理由から、釜山大教授は「国書は出さないように再検討してほしい。さもないと、共同の登録ができなくなるかもしれない」ということだった。

この発言に、日本側の誰もが少なからずショックを受けた。これに対し仲尾委員長は、「国書は本物であり、国書こそが朝鮮通信使が外交使節であることを表わす最重要資料である」「国書の内容を見てもらえば、朝貢使でないことが分かるはずだ」と反論した。

宗義智公肖像画めぐり火花

２０１５年6月27日、宗義智公肖像画の登録を含む4点について、韓国側の姜南周学術委員長と協議した。20年来親しくお付き合いしてきた仲であったが、初めて緊迫した状況での厳しい交渉となった。これには「明治日本の産業革命遺産」をめぐり、反発していた日韓両政府が歩み寄り、登録される可能性が高くなったことが参考になった。

私はかねてから、この遺産をめぐる日韓の対立について、施設の登録自体に反対する韓国側もおかしいが、「幕末から明治まで」と区切って登録を主張する日本側もおかしいと主張していた。施設の歴史は、建築されてから現在までの歴史をすべて公表することが正しいし、「光と影」の両方を展示しないと歴史の真実は伝わらない。今回、日韓の政府関係が良い方向に進展してきた状況を踏まえ、「宗義智公肖像画」の問題も同様の形で許容してくれても良いのではないかと私は考え、交渉した。

「施設」と「人」の違いはあっても、物事の道理は同じではないか。宗義智公の人物紹介には、必ず文禄・慶長の役に参戦した事実を明記することを約束し、説明文を作成した段階で、韓国側に照会し、韓国側が納得した上で、展示公開することも約束した。この問題は「あくまで、この文化財の学術的価値の観点から判断願いたい」という趣旨も説明した。

しかし、姜委員長は「東莱府使も、宗義智に殺されているなど、韓国国内には共同登録に好意的ではない見方の人々がいる」ことを引き合いに出し、「学術委員の同意が取れないだろう」と言われた。また、「日本側がこれを強行するならば、共同登録は辞めて単独登録になるかもしれない」というような言葉もあった。結局、姜委員長の意見は大変厳しく、「(韓国側の)承諾は難しい」とのことだった。

宗義智公肖像画を、申請リストに追加する件を巡り、登録可否の確認でも日韓の意見が衝突した。7月9日、福岡市で開いた第5回日韓共同学術代表者会議でのこと。先日、登録ができた「明治日本の産業革命遺産」。韓国側が登録施設の中に徴用工の歴史問題があると反対していた件で、ユネスコの意見などを受けて、韓国側は登録には反対しないが、負の歴史を明記するように求めた。日本政府はこれに応じて負の歴史を表記することを約束し、登録を達成できた。そのような話を聞いた。

対馬初代藩主・宗義智公の銅像建立除幕式で、
長崎県の中崎国際部長（右）と歓談＝2018年2月

私は「これに照らせば、民間同士の我々がなぜ歩み寄れないのか。登録を認めてもらえるなら、宗義智の功罪を表記することを約束する」と訴えた。しかし、韓国側はかたくなな姿勢を変えなかった。「朝鮮出兵は、宗義智が仕掛けたという人たちもいる」という発言も飛び出すほどであった。

日本側（対馬市）提出の宗義智公肖像画登録の件は、韓国側が一貫して登録拒否を主張し、平行線をたどった。日本側が主張し続けても好転の兆しが期待できない状況下、「もはや引き際ではないか」と判断した。

そこで、「対馬の文化遺産をユネスコに登録する」という歴史的事業にかかわっている者として、後世の誹りは受けたくないという強い思いから、釜山文化財団ユネスコ記憶遺産韓国学術委員会に要望書を出した。

将来にわたり、日韓双方の委員会を中心に、対馬初代藩主「宗義智」なる人物の功罪含めた共同調査を進めていくことを希望します。

登録申請資料の大枠決まる

9月30日、岡山市で開かれた第10回日本側学術委員会で、登録申請資料のジャンル別一覧表が発表された。大きなジャンルとして3通り、さらにそのなかで同類として集約できるものを10項目に分類していた。内容は以下の通りである。

○外交記録5件23点
朝鮮国書3件20点、徳川将軍返書（日本国書）控え1件2点、朝鮮通信使進物目録1件1点

○旅程の記録28件69点
饗応記録6件37点、記録画17件27点、鑑賞画5件5点

○文化交流関係記録18件122点
雨森芳洲関係資料1件36点、日本の故事や風景を題材とした朝鮮通信使の詩文5件66点、学術交流の記録6件14点、朝鮮国王と徳川将軍家・大名家の交流記録6件6点

これは、一つひとつの申請物件を知っていなければできることではない。これをまとめた町田一仁副委員長の博識に敬意を表したい。

韓国側の登録対象リスト案は、

①外交記録　2件32点
②旅程の記録　38件67点
③文化交流の記録　19件21点

以上のように、各ジャンルの内容は細分化せずに簡素化していた（12月8日、釜山市で開催の第10回日韓学術代表者会議・日韓共同推進経過報告会で公表された）。

「国書」か「書契」か、日韓で溝

10月2日、釜山で開かれた第7回日韓学術代表者会議で申請書類の中にある、ある表記が問題となった。「国書」と「書契」である。

韓国側は二つの言葉が使われていることを指摘してきた。「国書」は朝鮮国王から日本の将軍へ、「書契」は朝鮮国王から対馬島主にだけ出していると説明し、同じものを国書と書契と使い分けるのはおかしいし、一般の人が誤解するので「国書」で統一してほしいという意見だった。

これに対して日本側は「当時の日本には、国書という言葉はなかった」「書契と天皇との関係もない」「当時から使われている『書契』の言葉を変えるのは難しい」などと反論した。

11月14日、岐阜県大垣市で開いた第22回朝鮮通信使ゆかりのまち全国交流大会で、外務省から長崎県に連絡が入った件について、緊急会議を行った。
問題は二つあった。一つは、申請書に書かれている「朝鮮侵略」の文言について。もう一つは韓国側登録リストの「通信使行列図の所有表記」の問題である。
このうち「朝鮮侵略」という文言については、我々は当初申請書案では国内の反発を考慮し、「朝鮮出兵」と表記していた。だが、韓国側から「侵略」と改めるよう意見が出たため、日本側学術委員会としても了承していた。歴史学会では、「侵略」とするのが通説であり、日本の教科書の大半も「侵略」という言葉を使っていると、長崎県に回答している。
もう一つの「通信使行列図の所有表記」の問題。この通信使行列図は対馬藩の宗家(文書)のものだったが、日韓併合の際、朝鮮総督府が対馬宗家から買い上げたものを、戦後はそのまま韓国に置いてきたという謂われのあるものだ。外務省としては、今回のユネスコ登録で、この物件が韓国所有の文化財として確定することを怖れているのではないかと思われた。
宗家文書の所有権にも未だこだわりがあるとは。そこで「通信使行列図の所有表記」は、「韓国所蔵の記録」と記した。「所有」ではなく「所蔵」である。これは、日韓正常化時に合意した文化財取り扱いに基づいている。
2016年1月12日、福岡市で開催した第11回日韓学術代表者会議で、申請物件総数について、
韓国側63件124点
日本側48件210点
総数111件334点

となったことが、確認された。

対馬で日韓共同申請書調印式

2016年1月29日、対馬市で「朝鮮通信使ユネスコ世界記憶遺産」日韓共同申請書調印式、および第3回日韓共同推進会議が開かれた。悪天候の中、韓国・釜山港からの高速艇がすべて欠航という情報が流れ、やきもきしたが、何とか厳原港に入港できた。韓国一行は15名。「お疲れ様でした」と一人ひとり握手して労をねぎらった。

調印式の参列者は島外からの参加者を含め約70名。傍聴者と記者たちを含めると100名ぐらいだっただろう。オープニングは、琴の演奏と朝鮮通信使のイメージビデオの放映で始まった。

私と李文燮《イムンヒョプ》・釜山文化財団代表理事が開催の挨拶を行った。私は、こう述べた。

2012年、両団体で登録事業に取り組んでから今日までの4年間、日韓関係は歴史認識問題等でかつてなく難しい状況が続いてきたが、私どもは相互理解と互譲の精

対馬で行われた日韓共同申請書調印式＝2016年

神でこれを乗り越え、今日までやってくることができた。

この後、私は2月10日に東京国立博物館へ行き、「朝鮮通信使交流議員の会」総会で経過報告をした。2月26日にはソウル国際シンポジウムにパネラーとして招かれた。

そして、いよいよ申請書投函の日。「朝鮮通信使世界記憶遺産」日韓共同申請となった。登録可否の決定までには1年半近くかかる。

10月1日、京都で開催した第6回「朝鮮通信使ユネスコ記憶遺産」日本推進会議で、今年度から来年度にかけての、以下のような主な事業案について、賛同をいただいた。

①「明日のユネスコ朝鮮通信使セミナー」の開催
②11月14〜19日、フランス・パリで朝鮮通信使パリ事業
③11月27日、「朝鮮通信使の集いイン東京」ユネスコPR事業
④来年1月、「朝鮮通信使ユネスコ記憶遺産連絡部会」設置の準備会議
⑤来年度、ユネスコ記憶遺産登録後に、各地で祝賀会開催を予定
⑥上記④⑤のため、各自治体に予算措置を要請

いよいよ「登録」の年

２０１７年。いよいよ「登録」の年を迎えた。

３月11〜12日、第23回朝鮮通信使ゆかりのまち全国交流福山大会を終えた後、高月町（長浜市）芳洲会の北村又郎会長より講話の依頼があった。

北村会長とは元高月町長時代からのお付き合いであり、縁地連の発足当時からユネスコ登録事業に至るまで、活動の流れをご存知の方である。縁地連の組織拡大・強化にもご協力をいただいてきた。多忙ではあったが、断れるはずもなく、久しぶりに高月町雨森に出向いた。

いただいた講話のテーマは「朝鮮通信使にかけた生涯」。しかし、半世紀に及ぶ私の人生の話となると、怖れ多いので、縁地連起ち上げの前段から結成に至るまで、日韓の団体が手を携えてユネスコ世界記憶遺産に共同申請するまでの過程や特筆すべき事柄、問題点などをお話しした。終了後、「今まで聴けなかった裏話などもあり、面白かった」というお褒めの言葉をいただき、晴れやかな気持ちで帰途に就いた。

ユネスコから中間報告

ユネスコ事務局から中間報告と追加説明の要請文が4月6日、届いた。

中間報告は、いい知らせだった。我々が世界記憶遺産に申請している朝鮮通信使資料が2月26～28日に開催された登録小委員会で、「日本と朝鮮の間で友好関係を刻んだ重要な史料と認められるという意見でまとまった」という内容だった。

もう一つは追加説明文の提出要請だった。その内容は3点あった。

①文化交流における政治的な背景

②通信使が始まってから維持する過程で、特に必要だった要因とその状況

③一般的な国家間の双方向交流に関する、さらなる情報

これに対する返事を、５月８日までに送付してほしいということだった。

これにより、３段階あるユネスコの審査過程の２段階目を通過すれば、登録達成へ３分の２まで進んだことになる。順調に運んでいるように思える。

その後、私は５月６日に韓国・釜山市に渡って朝鮮通信使祝祭行事に参加し、５月22～24日には縁地連の業務で東京に出張し、ユネスコ活動を報告した。

「やった！　登録決定」。喜びに沸く

10月28日。九州のブロック紙「西日本新聞」が「朝鮮通信使　記憶遺産に　ユネスコ　日韓申請初登録へ」（見出し）という見込み記事を打ち上げた。

江戸時代に朝鮮半島から日本に派遣された外交使節の資料「朝鮮通信使に関する記録」が、国連教育科学文化機関（ユネスコ）の「世界の記憶」（世界記憶遺産）に登録される見通しとなった。27日、関係者が明らかにした。近く正式に発表される見込み。

ここ数日、「いよいよ30日か、31日ではないか」という情報は入っていたが、まさか確定前にスクープ記事が出るとは……。苦笑いであった。

釜山の朝鮮通信使祭りで、ユネスコ登録を祈願＝2017年

10月30日。西日本新聞・朝刊1面に「『朝鮮通信使』ユネスコ世界記憶遺産に登録決定」（見出し）の記事が出た。ついに、登録が決定した。間違いなく正式決定だ。「やった！　万歳！」と、対馬で関係者と喜び合った。

新聞各紙は、どんな扱いだったのかと気になり、取り寄せて見た。全国紙に大きく掲載されている。地方紙も長崎新聞だけでなく、国内の通信使縁地の各地方紙も、一斉に登録の記事を大きく載せている。朝鮮通信使が、これだけ全国的に大きな反響を呼んでいる。過去に、世界記憶遺産関係で、これだけ紙面を賑わしたことがあっただろうか。

周囲の人たちからも「見たよ！　よかったね！　ご苦労さんでした」と賞賛の声。メールや電報も続々と届き、本当にありがたかった。

私が1990年5月に、「盧泰愚ショック」を受けて「朝鮮通信使で島起こしをしよう」と決意し、走り続けて早や28年が経過した。さらには対馬が「朝鮮通信使行列」の再現を始めてから、38年もの歳月が流れている。そのころ、一体だれが、朝鮮通信使が世界遺産になることを予想できただろうか。「それが現実のものとなった」と私は幸福をかみしめた。

今回の偉業は、対馬の先人たちの導きのお陰かもしれないと、しみじみ思った。今は亡き永留久恵先生との間で「島おこし」談義になると、先生が常々「対馬の命運は、国際性回復だよ」と言っていたことを思い出した。

天国にいる永留先生に「今回の世界記憶遺産登録で、大分達成できたような気がしますが、いかがですか？」と、尋ねてみたい思いだった。

八、世界遺産後、日本と韓国

1 登録を活かして

朝鮮通信使に関する記録が２００７年10月末、ユネスコ世界記憶遺産に登録された。登録は１国１カ所が基本のようだが、日韓共同で、しかも日本の場合、ゆかりの地は対馬から日光まで国内３分の２を網羅している。その数、60カ所に及ぶ。韓国の場合も、ソウルから釜山まで50〜60ヵ所になる。ユネスコ登録で、申請史料は日本では20数カ所、韓国では11カ所となり、日韓両国とも広範囲にわたっている。さらに日本では、所蔵史料は国・県・市町村はもとより民間・個人にも及ぶほど、各界各層を巻き込んでいる。

通信使のユネスコ世界記憶遺産登録運動は、日本全国に通信使が知れわたった国家的行事であったし、登録はその思いが結実した記念すべき出来事となった。通信使の登録は、過去の世界遺産には例のない、日韓共同申請であり、登録件数が数多いという特色を有している。

世界遺産に登録を受けたことで、日韓両国民の文化的理解が深まっていることを感じた。登録時に流れたニュースを見ても、大々的に報道した新聞社が多く、全国的に反響を呼んだ。「江戸時代に、日韓友好の使節が往来していたのか」「平和の使節、通信使はすごい」という、通信使の知名度とその役割が広く知られるようになった。

当時、両国の安倍晋三、文在寅両政権は冷え冷えとした険悪な関係にあり、それが世論にも影響していた。そこに、通信使のユネスコ世界記憶遺産登録が関係修復をうながす涼風を送った。日韓の友好の歴史が確認でき、「ほっとした」という声も聞いた。

２０１７年、ユネスコ「世界の記憶」遺産登録後、10月30日を登録記念日として、１周年、２周年、3周年記念と、対馬、釜山をはじめ縁地で祝祭が続いた。コロナ禍になっても、行事の規模を変えながら、一貫して続けられた。登録された意義が風化しないように、途切れることなく、ゆかりの各地は努力を重ねた。その流れのなかで２０２１年11月、対馬に朝鮮通信使歴史館が完成した。

対馬と釜山にある通信使歴史館同士が友好縁組を交わし、それぞれ館の前に「ユネスコ登録記念碑」を建立しようという合意が、すでに縁地連と釜山文化財団の間でまとまっている。

ユネスコ世界記憶遺産登録後、これを受けた縁地連ユネスコ部会の事業としては、ユネスコ登録史料を図録にまとめて刊行し、日本各地の図書館や博物館・資料館に寄贈したことがあげられる。

登録を受けた史料の保存も不可欠である。保存だけでなく、世界遺産となった朝鮮通信使を世界の人々に広く伝える工夫をしなければならない。

縁地連はユネスコ部会を起ち上げて、ユネスコ登録を受けた史料の保存をやっていこうとしている。保存だけでなく、通信使は世界記憶遺産であるから、世界の人たちに広く知らしめる工夫をしなければばならない。

釜山では港湾に複合施設を建設して、レプリカも含めてユネスコ登録の全史料を陳列する構想を進めている。コロナ禍で足踏みの状態にあるが、近い将来、完成するはずである。

韓国側は通信使船（正使船）を復元して、国内で航海訓練を終えて、2018、19年に対馬を目指す計画があった。しかし、悪化する日韓関係と、コロナ禍による交通アクセスの途絶で、残念ながら実現できていない。

日本のコロナ規制が5類に移行し、海外との交流がほぼ開放された2023年8月、対馬渡航が可能となり、5・6日の厳原港まつりに合わせ復元通信使船が来島した。「200年ぶりの海峡越え」とマスコミは前触れを伝え、6日の通信使行列は最高潮に達するのではないかと期待していたが、予想通りの展開となった。行列には、日韓の250人が参加していた。

私も韓国から来た友人たちと一緒に見学したが、見ているだけで汗が出て来た。時代装束をまとった通信使一行は汗だくだくでなかったか。熱中症で倒れなければと心配したほどである。

7日付の「西日本新聞」の記事には、こうある。

パレード後には、双方の「国書」交換も再現。対馬藩主役の初村久蔵対馬市議会議長は「平和の遺産である朝鮮通信使の『誠信交隣』の精神を広く発信し、世界に伝えていきましょう」とあいさつ。通信使の正使役を務めたソウル市立大の鄭在貞《チョンジェジョン》名誉教授は「朝鮮通信使の価値を全世界に発信し、未来世代に継承していけるよう努力したい」と返した。

対馬に来た復元通信使船が今後、友好の船として、玄界灘を越えて日韓を往来し、両国の懸け橋になっていくのではないか。両国の大学生の交流や日本の縁地の祭りに参加したりと、その役割に夢はふくらむばかりである。

私は、「東京日韓協力ニュース」（東京日韓親善協会連合会発行）の2022年新年号に、「拝啓　岸田内閣総理大臣殿」というメッセージを載せた。

「世界に誇る日韓友好の『朝鮮通信使の史実』を今こそ活かして下さい。新総理の下、今年こそ日韓新時代の幕開けを！」（見出し）と訴えた。

私の思いに、東京日韓親善協会の方々も共鳴してくれた。強調したいことは2点あった。

近年の日韓関係の政治的対立が、民間交流や地方の自治体交流にまで影を落としていることは、誠に遺憾であります。両国関係を文字通り「誠信」の関係に転換すべきであります。

これが一つ目。二つ目は次のような文で、対立から対話へ、と訴えた。

どうか、政治の責任において、「対立のまま」ではなく、「話し合い」「譲り合い」「歩み寄り」の精神により、平和友好の道に進んでいただきたく、切にお願い申し上げます。

振り返ると、近年の日韓関係は最悪で、経済・防衛に始まって、国民感情を悪化させる非難の応酬であった。戦後最悪といわれるほど、溝は深まった。「これは国交断絶の状態ではないか」。そう憂える仲間もいた。

両国首脳、安倍晋三VS文在寅の政治思想が、お互い相いれない対立構造にあったことから、諦めムードが両国の国民にはあった。

その中で、対馬発で日本国内に発信されたのが、先述した「対馬宣言」であった。

「互いに欺かず、争わず、真実を以て交わる」誠信交隣の精神こそ、いま求められるのではないか、というメッセージである。

その最悪な日韓関係も両国トップが岸田文雄、尹錫悦両氏に代わるや否や、一気に日韓雪解けムードに転じた。両国の修復が加速度的に進んだ要因として、韓国の政権が革新から保守へと戻ったことが大きい。

20世紀は戦争、人権抑圧の時代であったがために21世紀へと期待がふくらんだ。誰しもが、友好と平和の世紀の到来を期待したのではないか。それがロシアのウクライナ軍事侵攻で崩れた。

通信使の平和外交は、日韓二国間に収まる程度のものではない。国際平和というユネスコの精神に基づいており、国際平和に寄与できる精神を有している。

ユネスコ登録は、「長い間、歴史の中に埋もれていた朝鮮通信使の持つ歴史的意義が世界の普遍的価値を有するものとして評価されたもの」である。「東京日韓協力ニュース」にも、そのように私は書いた。

それを物語るのが、通信使が残した記録で、そこには平和友好の精神が流れている。

通信使は元来、政府間同士で信義を確認する外交レベルであったが、通信使来日を歓迎したのは民衆であった。通信使絵巻に描かれた民衆の姿は、まさに韓流の元祖を思わせる。京都大学名誉教授の上田正昭先生が常々いっていた民際交流が、江戸時代の朝鮮ブームを支えたといえるのではないか。

「民があって、国家だ」といった上田先生の「民本主義」に、私は感動したことを思い出す。

通信使の精神を世界へ。今進めているデジタルアーカイブで、世界のどこからでも、国籍を問わず誰でもが見ることができるシステム構築に、縁地連は乗り出している。スケールのある事業であり、通信使交流議員の会の後押しを背に、政府、文化庁の助成・支援を受けて、進めていきたいと考えている。

2 対馬韓国名誉総領事、実現せず

韓国の駐日大使である柳興洙《ユフンス》氏から「ユネスコ登録で手伝うことがあれば言ってほしい。なんでもやります」といわれ、心強かった。これは公邸に姜南周先生と一緒に招かれた席でのこと。柳大使は機会あるごとに、支援の輪を広げてくれた。

２０１８年、李洙勲《イスフン》氏が駐日大使のとき、私は大使館の社会文化委員の任命を受けた。そのパーティの席で、公使の李熙燮《イヒソプ》氏から「韓国名誉総領事になるのはいかがですか」という要請を受けた。「光栄ですが、私にできるかどうか」と正直な胸の内を伝えた。

韓国名誉総領事は、日本に何名いるのだろうか。九州で思いつくのは、鹿児島・美山町、薩摩焼の沈壽官《シムスグアン》さんである。14代沈壽官さんの時代、日韓主脳会談が鹿児島であり、そのときに小泉純一郎首相との首脳会談を終えた盧武鉉《ノムヒョン》大統領が美山の沈壽官窯を訪ね、交流の場をもっている。

こちらは、秀吉の朝鮮侵略で島津義弘軍に連行されてから４００年以上を過ぎた、根っからの在日である。

司馬遼太郎の『故郷忘じがたく候』に、沈家の歴史が見事に描かれており、ご本人は陶芸家でありながら、日韓の懸け橋にふさわしい役割をされたことが、印象深い。

名誉総領事になると、職務として10項目ほどの務めが要求されると聞いた。まず、基本として事務室を構え、机を置き、机の上にネーム、背後に日韓の旗を立てる。務めの中には在日韓国人のための世話もあり、必要に応じた出張費用は20万円まで支給されることなどを聞いた。

対馬に韓国名誉総領事が誕生すると、江戸時代、対馬藩が日朝双方の間に立って、両国の友好親善に意を砕いていたような姿がイメージできる。

水田が少なく、米が獲れない対馬を、朝鮮政府は倭寇の巣窟と捉え、対馬討伐を行った。世宗大王の時代である。その結果、倭寇懐柔政策として、朝鮮政府は米と大豆を定期的に与え、貿易の特権を許し、さらに官職まで授けた。その辞令を「告身」といい、今でも旧家から出てくる。

それほど朝鮮と歴史的に深いつながりにある対馬にあって、名誉総領事がいても不思議ではない、と私は思う。そうは言っても、日本政府が認可してくれなければ、すべて水の泡である。

私を韓国名誉総領事として、政府は認可するのか？　日韓関係が最悪で、両主脳が政治思想的に相入れない姿勢を崩していない点から、「厳しいのではないか」と腹をくくっていた。結果は、「認可せず」だった。一縷《いちる》の望みもあったが、「やはり」というのが正直なところだった。

私の韓国名誉総領事に関する事案は、韓国国会の委員会で2度にわたって検討され、私の履歴、社会的実績、勲章などをチェックして、「異議なし」と満場一致で了承されていた。

「あとは、日本政府の承諾だけ。近いうちに決まりますよ」と駐日大使館は言っていたが、それが政治対立で叶わなかった。

２０１０年、李明博《イミョンバク》大統領時代に、私は修好勲章崇礼章（外国人に対して最高の勲章）を韓国政府からいただいた。また、私は日韓交流東京おまつりの委員を、10年間務めていた。それに、朝鮮通信使のユネスコ世界遺産登録の推進役となった。

永田町の政治家や官僚たちは、私を親韓家と目されていたことと推測する。それに加えて政治対立による、険悪な日韓関係も災いした。「日韓が良好な時代ならば、すんなり決まったに違いない。時に恵まれなかった」と慰めてくれる友人もいた。実はそれが核心部分ではなかったかと思う。

３「点」から「線」へ

辛基秀夫人の姜鶴子さんと会うと、「うちの主人の後を受け継いで、その成果を生かして縁地を繋ぎ、さらには韓国にも渡してくれた松原さんには大変感謝しています」といわれる。

歴史に埋もれていた通信使を発掘したのは、辛基秀先生である。研究家として、ゆかりの町をくまなく調査して回り、新たに発見した通信使関係史料を買い集めて一大コレクショ

日韓交流東京おまつりで、韓国駐日大使と国会議員の面々＝2015年9月

ンをつくりあげた。

　2001年、京都と福岡両市だけで開催された特別展「こころの交流―朝鮮通信使」を紹介した「京都新聞」日曜版の連載企画、辛基秀・上田正昭・仲尾宏の三氏による鼎談を読むと、辛先生が現場主義を貫き、いかに通信使ゆかりの町に足を運んだかが手に取るようにわかる。

　対馬が主導して、朝鮮通信使縁地連絡協議会結成を縁地に呼び掛ける際には、辛先生の足で稼いだ、幅広い人脈を活用させてもらった。

　縁地連結成7年後の2002年に、辛先生は亡くなられた。思えば辛先生の土台の上に、縁地連は旗揚げし、毎年行う縁地連全国交流大会で通信使顕彰活動を盛り上げて来た。

　私の誇りは縁地連の全国大会を途切れることなく、毎年開催できたことである。走り続けて、その足跡を振り返ると、辛先生が調査・研究で残された「点」を、私は「線」にして繋いで来た感じがする。「点」から「線」へ。ゆかりのまちで偉大な通信使の歴史を共有し、各地で毎年継続して、祭りやイベントで通信使を広めて来た。この一体感は、どこから来るか。それは縁地連全国大会に、ゆかりのまちが積極的に関わってきた証左である。

　日本国内を「線」で繋いだら、玄界灘を越えて韓国へ、と私は考え、韓国版「縁地連」結成を訴えて来た。しかし、韓国はタテ社会で、自治体間の競争意識が災いして、なかなか日本のようには縁地を繋ぐことはできない。2023年5月、釜山の朝鮮通信使祭りに、10機関が集まり交流協議会が発足したが、そのなかには自治体が含まれていない。

　しかし、近年、通信使がユネスコ「世界の記憶」遺産に登録された効果で、いいムードが生まれている。日韓の首長までも朝鮮通信使という言葉を口にする。国会議員もまたしかり。ましてや、両国に通信使議員連盟までできている。韓国で、縁地が繋がるのも夢ではないと私は思っている。

これからは国を越えて、広く世界に通信使の精神を訴えていく機会が増えてくると思う。いつの日か「朝鮮通信使の日」が制定されることを願って、日韓の縁地が連携しながら活動を続けていきたい。

九、出会いが道をつくる

1 辛基秀氏

朝鮮通信使のユネスコ「世界の記憶」遺産登録は、日本政府を通してやらなかった。日韓の民間団体同士で申請した。そのため、国の記憶遺産登録「ユネスコにおける日本関連とされている物件」に未掲載だった。その後、やっと解消され、掲載されるようになった。政府が江戸時代の善隣友好の歴史を認めたということになる。

文部科学省のホームページに、資料4として、「上野三碑《こうずけさんぴ》」、「朝鮮通信使に関する記録」がある。続いてユネスコ「世界の記憶」遺産への登録について、申請者と概要が紹介されている。

朝鮮通信使は、日本が朝鮮を植民地支配するなかで、意図的に消した大きな友好の歴史であった。日朝の平和を象徴する通信使の歴史は、朝鮮進出をもくろむ明治政府の「国策」とは相容れなかった。

在日研究者によって通信使蘇る

埋もれた通信使の事績は、大戦後、在日の研究者たちによって蘇った。辛基秀先生の存在は大きく、ドキュメンタリー映画『江戸時代の朝鮮通信使』製作を皮切りに、通信使ゆかりのまちを歩かれて、史料を発掘し、我々が1995年に結成した朝鮮通信使縁地連絡協議会結成を陰に陽に支えてくれた。大阪市都島区のご自宅を訪ねた折、「通信使行列の淵源は、分部町（三重県津市）の唐人行列にあります」と聞いて、分部町を訪ねたことが鮮やかによみがえってくる。

歓迎会で、辛基秀氏（左から２人目）姜鶴子氏（同４人目）と＝1997年

分部町唐人踊り（三重県津市東丸之内）
寛永13（1636）年から続く、津市を代表する郷土芸能の一つ。津まつりの前身である八幡神社の祭礼の出し物として分部町で生まれた。踊りは朝鮮通信使を模したものとされる。隊列をなし、止まってはラッパを吹き、笛や太鼓の音に併せて「歓喜の踊り」を舞う。

ユーモラスな、ひょうひょうとした踊りが印象に残った。保存会の宮田さんに挨拶し、縁地連結成大会をはじめ度々、対馬に来てもらった。

辛基秀先生は、穏やかな人柄で、権威ぶらない、親しみのもてる方だった。縁地連結成に向けて、アドバイザーとして、我々を後押ししてくれた。ゆかりの町を訪ねる旅の行きと帰り、大阪市内のご自宅に立ち寄って報告をし、街に出て酒を飲んだ。

ある飲み会の席で、厳しい叱責を受けたことがある。「京都市の相国寺慈照院も縁地に加えたらいい」と指示され、本来ならば挨拶に行くべきところ、厳原町職員が怠っていた。「それは駄目だ。夜、この遅い時間でもいいから、断わりの電話を入れろ」すごい権幕で、叱責を受けた。怒ると怖い、という印象が残った。

それからである。「辛先生の信用をつぶしたら大変なことになる。気を引き締めてやろう」と仲間で申し合わせた。

現場主義貫き、史料収集も

辛先生は、日韓関係史の「光と影」の影の部分から入った方である。当時国鉄・桃谷駅の高架下に、青丘文化ホールを開設し、研究・調査活動の拠点にしていた。ホールを訪ねた折、蔵書の多さに驚いた。「大変な研究者だ」という印象を強くした。

縁地連結成の前年（1994年）に、「縁地自治体サミットを大阪でやりませんか」という提案が、辛先生からあった。その年9、10月にわたり、大阪市立博物館で「朝鮮通信使―善隣友好の使節団」特別展が開催されるため、その観覧も含め開催したいという意向だった。

この日、サミットの会場となったピース大阪に、ゆかりのまち8府県から約60名が集まり、縁地連発足を申し合わせた。

サミットで基調講演した京都大学名誉教授の上田正昭先生が、雨森芳洲の『交隣提醒』に出て来る一節を、すらすらと述べられるのに感心した。

> 誠信之交と申す事、人々申事に候へとも、多くは字義を分明に不仕事有之候。誠信と申候は実意と申事にて、互いに不欺、不争、真実を以交り候を誠信とは申し候

> 【現代訳】誠信の交わりということを人びとはいうが、多くは字義をはっきりわきまえていない。誠信とは実意ということであって、互いに欺かず、争わず、真実をもって交わることこそ、まことの誠信である。

2001年、京都と福岡両市で開かれた「朝鮮通信使こころの交流」展は、通信使の史料を集めた展示会としては最大級の規模だった。観覧した私は屏風や行列絵巻に圧倒された。

開催に先立ち、長期連載された「京都新聞」日曜版に上田正昭、辛基秀、仲尾宏3氏による鼎談、フォト随想のような歴史紀行を読んで、この展覧会に賭ける意気込みを感じた。

仲尾先生は、「通信使ゆかりの地を歩いて、その来歴を頭にすべて収めているのがすごい」と辛先生を評価してい

大阪市内で開かれた縁地自治体サミット＝1994年

た。現場主義を貫いた方だから、臨場感のある話ができるに違いない。それに通信使の史料収集にも熱心に取り組み、のちに大阪歴史博物館に所蔵される辛基秀コレクションをつくりあげた。いずれも貴重な史料ばかり。後に続く研究者には、大変参考になったと思う。

通信使を民衆史観で捉える

私も辛先生から刺激を得て、通信使関係の文化財収集を始めた。こつこつと努力した結果、今日までに雨森芳洲を中心に90点になった。これを対馬市に寄託し、２０２１年11月、対馬・厳原町にオープンした朝鮮通信使歴史館で展示してもらっている。

辛先生の足元にも及ばないが、通信使が世の中に知られるようになると、通信使史料の価値も上がり、収集が難しくなったという感想をもっている。

私の90点のコレクションのなかに、「馬上才」がある。これを発見したとき、仲尾宏先生に鑑定してもらった。すると、「これは絶世の逸品。ぜひ購入して保管してください」と勧められた。

２００２年10月５日、辛基秀先生は亡くなられた。亡くなる直前まで、歴史雑誌に連載していた『朝鮮通信使の旅日記』を口述筆記させていたと聞き、研究者として通信使に賭ける執念に感動を受けた（のちにＰＨＰ新書として刊行された）。

大阪市内にある津村別院（北御堂）で偲ぶ会が開催されたとき、私は、追悼文を読み上げた。

辛先生は常に通信使を民衆の視点から見た民衆文化交流として研究されてきた様に思います。

辛先生亡き後、娘さんの理華さんがソウルに留学され、韓国滞在中に辛先生製作のフィルムを上映したり、残された文献を紹介したりして、日韓の懸け橋となった。ユネスコ登録を前に進める追い風になったことに、私は感謝している。

2 仲尾宏氏

仲尾宏先生とは、盧泰愚大統領の雨森芳洲を称えるスピーチがきっかけとなり、1992年、東京・大阪・対馬で開催された「宗家記録と朝鮮通信使」（韓国国史編纂委員会と朝日新聞主催）でお会いして以来、いろんな通信使顕彰事業にかかわっていただいた。

地域史研究部会設立に尽力

縁地連が結成されて3、4年後、上関学習にんじゃ隊（山口県上関町）のメンバーからお祭り的な縁地連の大会に学術的要素を加えてほしいと要望があった。要は、通信使の学術研究発表の場がほしいということである。

ついに勃発したか、「上関の乱」と私は思った。彼らの言い分は分かるが、縁地連の大会自体を変えるわけにはい

第3回縁地連の福山（鞆の浦）大会で講演する仲尾宏氏＝1997年

かない。一般客を巻き込むには、この方法しかない。

この件で、上関を度々訪問した。上関は中国電力が原発立地を計画し、長年町民を二分するような政争が続いていた。推進派が町政を握っており、にんじゃ隊をはじめ通信使関係者の多くは反対派に廻っていた。

通信使の史跡が多く残る上関は、古文書を読む会などを通じて通信使研究にかかわる人も多い。縁地連の中でも、大事な地域である。

縁地連で通信使研究を牽引する仲尾先生は、上関の要望に、「待ってました」という風で、どういった体制が必要かを主議題に議論を重ねた。その結果、縁地連の中に地域史研究部会を新設して、年1回、縁地をリレーして開催する全国大会で同部会を開く方向でまとまった。

仲尾先生には、ユネスコ世界記憶遺産登録に向け、学術委員会の委員長に就任してもらった。那の津（福岡市）の私の会社に、3、4回来ていただき、ときに韓国側のメンバーをまじえて、登録申請に向けて会議を行った。

ところが、最初の日韓学術会議でつまづいた。通信使が徳川将軍に渡した国書の問題である。もちろん、将軍の返書もある。これを韓国の学術委員が「国書が日本にあって、韓国にはない」といい、韓国側は国書の扱い如何によっては登録申請から外れると暗にほのめかした。

そのとき仲尾先生は「国書こそ国家使節の証し」、国書は世界記憶遺産登録の基本中の基本という答弁をされた。これで流れがガラリと変わった。

韓国国際交流財団賞を受賞

縁地連を学術的な面から支えていただいた仲尾先生には感謝している。

2022年、第8回韓国国際交流財団賞受賞の一報があったとき、「この賞は私でなく、松原さんがもらうべきでしょう」と電話で伝えて来た。

これを含め、仲尾先生は謙虚な方だな、という印象をもっていた。「何かやりませんか。私が必要ならば、いつでも声を掛けてください」と常に前向きな先生であった。

私は、長年日本と韓国の間にすばらしい交流と学びあいの歴史があることを知りました。とりわけ朝鮮通信使の往来の結果、貴国と日本国の間には信義を交わす関係が成立し、たがいが学びあうかかわりができました。このすばらしかった時期の遺産から学びあうことはとても大切なことだと自覚できました。

=同財団賞授賞式の挨拶。2021年10月27日付け「民団新聞」から

2023年1月1日、仲尾先生は86歳で亡くなられた。新聞に訃報はたったの8行程度。通信使研究で多大な業績を残された大家にしては寂しすぎた。人権問題についても造詣が深いことは知られている。

ユネスコ登録に尽力

早く縁地連による偲ぶ会を催したかったが、タイミングを逸して、会員の皆さんに申し訳ない思い

でいた。その後、「朝鮮通信使関係地域史研究部会報」第23号に、追悼特集が組まれた。生前、通信使を縁にお付き合いのあった方々が、仲尾先生との麗しき交流や学問的な感化・影響を受けたことなどを縷々書かれていた。そのなかから、同部会顧問の貫井正之氏（元名古屋外国語大学講師）の惜別の辞を一部紹介したい。こう書かれている。

（朝鮮通信使ユネスコ世界記憶遺産登録の）作業はそれほど順調ではなかった。当時の日韓関係は政治的に戦後最悪とまで言われるほど悪化していた。その逆風が反映して、幾つかの重要資料の登録が躊躇される動きが出てきた。また、両国委員会では、時には国益が優先して個々の資料の登録可否について鋭い意見対立が生じたこともあった。

作業は紆余曲折を経ながら、２０１６年3月ユネスコ本部へ申請書提出を終えた。翌年10月、登録承認。幾多の困難を克服しこれが成就できたのは、先生の誠実な人柄、柔軟な姿勢と適確な決断、さらに優れた政治的洞察力に負うところが大きい。

これを読みながら、改めて世界遺産登録に至る仲尾先生の奮闘を振り返り、先生の人徳を偲んだ。

十、ゆかりのまちを繋ぐ

1　2007〜2023年　全国交流大会より

縁地連の朝鮮通信使ゆかりのまち全国交流会は、1995年の発足時から2023年まで、合計30回開催された。ゆかりの自治体が毎年リレー形式で繋ぎ、「平和の使節」通信使を宣揚し、日韓交流の風を地域に吹き込んだ。これを通して、江戸時代に通信使がどういう役割を果たしたのか、通信使が残した教訓とは何か、を学んだ方も多いと思う。

2007年、通信使訪日400年の節目に開催した、静岡と彦根両大会以降を、ここでは紹介する。ちなみに、それ以前の第12回大会までの開催地は以下の通りである。

▽第1回（1995年）長崎県厳原町（現、対馬市）▽第2回（1996年）山口県下関市▽第3回（1997年）広島県福山市▽第4回（1998年）滋賀県高月町（現、長浜市）▽第5回（1999年）長崎県厳原町▽第6回（2000年）岡山県牛窓町（現、瀬戸内市）▽第7回（2001年）兵庫県御津町（現、たつの市）▽第8回（2002年）滋賀県近江八幡市▽第9回（2003年）韓国・釜山市

▽第10回（2004年）長崎県対馬市▽第11回（2005年）岐阜県大垣市▽第12回（2006年）広島県呉市

通信使パレード、東京・千代田区で

2007年、朝鮮通信使の訪日から400年の大きな節目の年を迎え、全国が湧いた。開催されたイベントリストを見ると、地域の祭りのなかで行われた通信使行列再現、シンポジウム、芳洲外交塾、こども通信使、朝鮮通信使ウオークなど国内では行事が目白押し。海外では、ドイツ文化会館で朝鮮通信使シンポジウムが開かれた。これをみると、韓流ブームが花開いた感がする。

通信使研究家の辛基秀先生は、朝鮮通信使を韓流の元祖といっていたが、それもうなずける2007年の盛り上がりであった。もちろん、2002年のW杯サッカー日韓共催、ペ・ヨンジュン主演の『冬のソナタ』による効果の延長線に、それはある。

数多くの通信使の2007年イベントは、ソウル・景福宮での三使任命式で始まった。三使とは、外交使節の高官、正使、副使、従事官からなる。国書を江戸城まで運んで、将軍に渡し、将軍からは返書をもらって帰国する。この儀礼を通して、両国が「お互い欺かず、争わず、真実を以て交わる」精神を確認した。

姜南周先生率いる釜山文化財団の一行は、東京・千代田区で通信使パレードを行った。大江戸天下祭りの一環として、日本橋西側から、楽隊を先頭にパレードした。「それ、来たぞ」。日本橋の特設ステージで、姜先生と私はそう言い合って握手した。

姜先生にとって、「やっと、日本の本丸。江戸城まで来た」という感慨が湧いたものと思われる。この通信使行列を実現させるため、釜山文化財団は2年前に東京に事務所を構え、千代田区と交渉を重ねて、やっと実現できた。

当日、釜山から率いて来た行列隊が東京を練り歩く姿を見て、「してやったり」という感慨に捉われたことは間違いない。通信使訪日から400年の2007年に向けて、入念な戦略をもって姜先生は日本各地で通信使パレードを重ねて来ていた。その集大成が東京進出だった。

通信使は、韓流ブームの源流

江戸時代の朝鮮通信使は、韓流ブームの源流。この言葉を京都大学名誉教授の上田正昭先生から聞いた。博多祇園山笠の追い山で、櫛田神社に掲げられる「清道」旗は、朝鮮通信使の清道旗から着想を得たもの。

朝鮮通信使の先頭には、必ず清道旗が掲げられた。青色の地に「清道」二文字を書き、赤地で周囲を縁取った旗。『日本国語大辞典』(小学館)によると、清道は、「道をおはらいきよめること」「天子の出御《しゅつぎょ》のさきばらい」を意味する。

博多祇園山笠の清道旗は櫛田神社のほか、東長寺、承天禅寺の前にも立ち、追い山、追い山ならしのとき山笠はこれを回った。

2001年、特別展「こころの交流　朝鮮通信使」の開催期間中、「西日本新聞」夕刊(7月14日付)に、博多文化に詳しい江頭光さんが、清道旗についてこう述べていたのが印象に残っている。

博多は昔から海外の玄関口として中国や朝鮮、琉球と交渉があったので、その影響を受け、風習として採用したものも多い。清道旗もその一つだろう。

アジアに開かれた博多の国際性を述べておられた。

（1）第13回静岡大会（２００７年5月）

「ビジット・ジャパン」を生かし

２００７年は、韓流ブームに沸いた年となった。通信使訪日４００年の記念行事は、1年を通して行われた。それをまとめた一覧表から、集客数で効果のあったイベントを紹介すると、以下の通りである。

◆朝鮮通信使再現行列＝○文化使節団漢陽大出発　ソウル、4月15日／○朝鮮通信使平和の行列　釜山、5月5日／○大御所４００年祭　静岡市葵区、5月19日／○大御所４００年祭　静岡市清水区、5月20日／○ローズパレード　福山市（広島県）、5月20日／○厳原港まつり対馬アリラン祭り　8月5日／○馬関まつり　下関市（山口県）、8月25日／○江戸天下祭り　千代田区（東京都）、9月29日／○日韓交流フェスタ　彦根市（滋賀県）、10月8日／○善光寺・表参道まつり　長野市、10月14日／○日韓交流おまつり　ソウル、10月20日／○堺まつり　堺市（大阪府）、10月21日／○４００周年記念　下蒲刈（広島県呉市）、10月21日／○朝鮮通信使京都再現行列　京都市、11月3日／○日韓親善友好フェスティバル　岡山市、11月10日／○復活！　唐人揃い　川越市（埼玉県）、11月11日／○牛窓エーゲ海フェスティバル　牛窓（岡山県瀬戸内市）、11月11日そのほか、博物館・美術館で特別展や写真展が14カ所で行われ、シンポジウムやフォーラム、サミットが16回、青少年研修・交流3種類、日韓関連イベントが17を数えた。21世紀の朝鮮通信使ｓｏｕｌ―東京日韓友情ウォーク（4月1日～5月23日）も始まっている（2年に1回実施）。

通信使400周年の動きを追った新聞・テレビ報道は数百に上る。韓国の大手紙「朝鮮日報」は「朝鮮通信使来聘400年」をテーマに11回にわたり連載した。

これほどまでに朝鮮通信使が脚光を浴びたのは、「ビジット・ジャパン」が追い風となった。安倍政権下、国交省が訪日外国人観光客1000万人を目標に、大型予算を組んだ取り組みである。

この予算を使って、静岡で通信使行事を多彩に組み上げた。そのおぜん立てをしたのが、静岡選出の国会議員・原田令嗣《よしつぐ》氏である。元ＮＨＫ記者ということもあり、日韓関係に明るく、「朝鮮通信使交流議員の会」事務局長を務めていた。

2007年、通信使訪日から400年を記念するイベントに向けて、専門職員を2人つけて準備をしたことから、地元静岡で開いた第13回通信使ゆかりのまち全国大会は、かつてないほど湧いた。

2007年、異例の2大会開催に

この年、縁地連全国大会は静岡と彦根で開催された。縁地リレーで1年に1大会の慣例を破ることを決めたのは、前年、彦根で開催した縁地連理事会の席だった。「来年の開催地を求めます。挙手をお願いします」と司会役の私が発言すると同時に、彦根と静岡両市が手を挙げた。これを見た私は、一瞬あ然とした。お互い縁地連の理事。通信使を迎え入れた江戸時代、彦根は幕府で家老職を務めた井伊家、静岡は家康のお膝元。どちらも歴史的に重い。どうしたものか。

双方にプレゼンをやってもらうと、獅山向洋・彦根市長は「国宝彦根城築城400周年に合わせて、実施したい」といい、小嶋善吉・静岡市長は「家康公の駿府だから、将軍の居住地としての誇りをもってやりたい」とアピールした。

これを聞いて、益々、頭を抱えた。すると、獅山市長が、「徳川本家にはかないませんから、お譲りします」と譲歩された。この発言に、ほっとした。彦根市長ともなれば、歴史を勉強している。「さすが」と思った。その半面、譲歩される胸の内を考え、気の毒にも思った。

通信使訪日から400年、これを記念した年は特別である。だったら、慣例を破って1年に2大会やろう、と縁地連理事長の立場から宣言して、第13回は静岡大会、第14回は彦根大会とした。これには異論はなく、理事の皆さんから、名裁きと高く評価してもらった。

朝鮮通信使来日400周年に、静岡市で日韓の「通信使交流議員の会」のシンポジウム開催＝2007年5月

静岡選出の国会議員が奮闘

原田令嗣氏の奮闘ぶりが目立った第13回静岡大会。ゆかりのまち全国大会の定番となった通信使行列も大々的に行われて、地元を沸かせた。これに原田氏は朝鮮通信使交流議員の会事務局長らしく、日韓の国会議員を集めて、日韓関係と朝鮮通信使をテーマにしたシンポジウムを開催した。

通信使は、辛基秀先生がいわれるように民衆を沸かせた韓流ブームの元祖であるが、元は善隣外交という国家間の結びつきを良好にする役割を担った。両国関係は、どうしても政治状況によって揺れ動く。国会議員の原田氏が日韓の政治家を集めてシンポを開催した狙いには、両国の政治的関係を良好にしたいという思いがあったためだろうと思う。

本来ならば、政治に左右されない、両国の市民意識の成熟こそが望まれるが、それには時間がかかる。原田氏は、それに切り込んでいったのではないか。国会議員が手を結ぶことで、日韓の安定した友好関係を築けないか。シンポを聞きながら、そんな思いが湧いた。

アイデアが詰まった静岡大会

静岡大会がすごかったのは、静岡を中心にした朝鮮通信使の映画『朝鮮通信使〜駿府発二十一世紀の使行録』を製作したことである。初来日した朝鮮通信使を、家康は駿府城でもてなした。将軍職を江戸の秀忠に譲った家康は帰路に就いた通信使を迎え、駿河湾の遊覧船にも乗せた。

もともと、秀吉の朝鮮侵略で断交した国交を修復し、朝鮮通信使派遣を要請したのは家康である。通信使もてなしにも、心が籠ったはずである。

通信使による善隣外交は家康の賜物という自負が、そこから感じられた。このように静岡の歴史には、家康の存在は大きい。それを映画でまとめた静岡の力に感服した。

また、2センチほどの厚みがある、静岡に残る通信使関連史料をまとめた図録も製作している。清見寺に残る詩文、扁額を中心に、市内の寺院を紹介している。通信使がいかに広く静岡市内に足跡を印したかをめぐり、宝泰寺など数カ寺を取りあげていた。

静岡での通信使に関する研究をリードしているのが、常葉学園大学教授の金両基《キムヤンキ》先生と元高校教諭の北村欽哉《きんや》先生である。

金先生は在日韓国人で、静岡県立大学教授に就任した。そのとき、「公立大学教授は、在日として第1号」として騒がれた。定年後は常葉学園大学に籍を移して専門が異なる研究者による総合的な通信使研究を行い、学問としての通信使の地位を高めた。北村先生は退職後、ライフワークとする通信使の調査・研究で静岡県朝鮮通信使研究会を牽引している。すごいのは、その成果を『馬上才』という個人誌に次々と発表していることである。

日韓中のこども通信使も登場

教育は大切である。通信使の誠信交隣の精神を、いかに子どもたちに伝えていくか。我々の使命でもある。その一環として、2007年に初めて、日韓中のこども朝鮮通信使を結成し、通信使がたどった釜山から江戸までの主な都市を訪問する、交流の旅をしてもらった。これもビジット・ジャパンの支援事業として、プログラムを組んだ。

私は日本側の代表として、子ども通信使が下関入りしたとき、次のような歓迎の言葉を述べた。

当時の朝鮮通信使の大きな役割は。日本と韓国―両国の平和と友好を取り持つことでした。そして、その精神は〝相手をあざむいたり、争ったりせず、真心でお付き合いをしていく〟というものでした。どうか、こども通信使の皆さんも、この精神を忘れずに、努力されることを希望します。

通信使を伝えていく上で、教育とともに大切なのが、ゆかりの町の取り組みである。私は、仕事を離れた晩年、付き合いのあった通信使ゆかりの町を歩きたいという夢をもっている。

（2）第14回彦根大会（２００７年10月）

朝鮮通信使来日から４００周年を迎えた２００７年、５月の静岡大会の余韻がいまだ冷めやらぬ中、彦根（滋賀県）大会が10月7、8日に開かれた。国宝・彦根城築城４００周年を記念した催しと併せて実施された。彦根は、徳川幕府を支えた35万石の彦根藩井伊家の城下町である。城の造りが堅固なのは、西南雄藩へにらみをきかせ、何かの場合、防御の役割を果たすためである。それほど幕府からは頼りにされていた。

2005年の日韓友情年にあわせて始まった21世紀の日韓こども通信使の一行＝2006年、対馬・厳原町の西山寺

２００７年は年明けから、日韓両国共に４００年の節目を迎え通信使熱に沸いた。官民学がさまざまなレベルで、また各界で日韓の相互交流を多彩に繰り広げた。

彦根大会も、「さすが井伊家の彦根」と参加者から高い評価を得た多彩なプログラムを組んでいた。

ゆかりのまち全国交流会では、基調講演で仲尾宏・京都芸術造形大学教授が「誠信・交隣―彦根の朝鮮通信使」を演題に話し、それを受けたパネルディスカッションでは、母利美和（京都女子大准教授）、竹内眞道（宗安寺住職）、門脇正人（安土城考古博物館）の３氏が「朝鮮通信使と近世彦根」をテーマに討論した。

３氏の話から、彦根が陸路における通信使迎接施設では、最も遺構の多いことが分かった。通信使の高官、三使は宗安寺（もてなしの肉料理を寺へ入れるために特別に作った黒門で知られる）、上々官は大信寺（伊達直政の開基）、以酊庵の僧侶は善照寺といった具合に分宿した。この３寺とも現存している、

琵琶湖東岸に残る「朝鮮人街道」は野洲から近江八幡、彦根を経て、鳥居本へ至る約40キロの道である。徳川家康が天下統一の折、上洛凱旋するために通った吉例の道であり、これを通信使に限って

国書交換式の舞台となった彦根の名刹・宗安寺

通行させた。

近江の琵琶湖の風景と朝鮮人街道に沿う豊かな郷村風景は、通信使一行に人気のあった地域で、円山応震の『琵琶湖図』を通して、当時の様子がうかがえる。

その夜の懇親会は静岡大会同様に各地から参加した縁地の方々がたくさん参加され、賑わった。金剛学園舞踊部の子どもたちの華麗な踊りもあったが、それを観ながら、通信使顕彰運動を若い世代に引き継ぐことの大切さを感じた。

彦根大会で大変嬉しい出来事があった。「21世紀の朝鮮通信使友情ウォークの会」が正式に縁地連に入会してくれたことである。

通信使初来日から400年の節目に合わせて始まった通信使日韓友情ウォークは、ソウルから東京まで53日をかけて約1200キロを踏破するウオークである。この1000キロを超える距離もそうだが、参加者の平均年齢が70歳を超えると聞いた縁地連の方々は、さらに驚くのである。驚異的集団である。

日本側代表である「21世紀の朝鮮通信使友情ウオークの会」の遠藤靖夫会長は、総会の席で、こう力強く挨拶した。

いま、縁地連にある33の加盟団体のなかで、「ウオーク」という名の団体はない。大半が歴史研究や日韓関係の文化サークルである。その中で、我々は唯一の体育会サークルである。我々は2年間隔でソウルから東京の間を、日韓の市民で、寝食をともにしながら歩き通した。今後とも初心を貫いていきたい。

下関の馬関まつりで、通信使行列再現歓迎夕食会も＝2014年

縁地連結成当時を再現するかのような、夢のような団体が加入してくれたことに喜びは一入であった。縁地連の、今後の幅広い活動に拍車がかかったような気がしてならなかった。

（３）第15回下関大会（２００８年８月）

下関と釜山は１９７６年に姉妹提携を交わし、友好関係にある。姜南周先生が２００２年に朝鮮通信使文化事業会を設立すると、それを生かし、馬関まつりに通信使行列を組み込んだ。行列は釜山から80名〜１００名が参加する本格的なもので、海峡メッセの特設会場まで行列をする、祭りの大きな目玉になっていった。

２００８年の第15回縁地連ゆかりのまち全国交流大会は、下関で開催された。前年の通信使訪日４００年を祝う大きな大会があった後だけに精神的な空白が生じ、やりにくかったことと思う。それにもかかわらず、下関市は「歴史が運ぶ大陸の風」を大会テーマに多彩なプログラムを組んで、盛り上げた。通信使訪日４００年の熱気は未ださめやらず、縁地から約２００人が参加した。

歯切れのいい講演で知られる田《た》代《しろ》和《かず》生《い》・慶應義塾大学教授が「享保期通信使が残したもの」という

テーマで基調講演をされた。それには、興味深い将軍吉宗と対馬藩の駆け引きがでてくる。薬好きの吉宗が、朝鮮人参の生根を入手せよ、朝鮮半島の薬草・薬剤調査をやれ、と対馬藩に命じた。朝鮮の外に出せない朝鮮人参、薬草・薬剤調査とその記録。どうやって持ち出すか、対馬藩は苦悩する。そういう時期に、訳官使の朝鮮人参の密売が発覚して、対馬藩は岐路に立たされる。これを暴露する手もあるが、これにつけ込んで訳官使を「闇の計画」に誘い込むべきか。

雨森芳洲は「反対」、農経学者の陶山訥庵は「やむなし」。対馬三聖人の意見は割れたが、対馬藩は結局、訳官使を操って、朝鮮人参の生根を、日本に持ち出すことに成功する。

この話は、田代先生の労作『江戸時代　朝鮮薬剤調査の研究』（慶應義塾大学出版会）にまとめられている。

宗家文書で学位を取られた日朝関係史の第一人者・田代先生は、対馬を「第二の故郷」といわれるほどで、我々にとっては誠にありがたい研究者であった。

下関大会は、まさに日韓交流の祭典となった。日本側が分部町（三重県津市）の唐子踊りを披露すると、韓国側は伝統芸能公演やトップモデルによりファッションショーを展開し、躍動と華麗さがみなぎる大会となった。

（4）第16回高月大会（2009年10月）

第16回高月大会には、心中を察するに、北村又郎町長にある思惑があったのではと思った。平成の大合併で長浜市に吸収されると、高月独自の町のなりわい、築き上げた芳洲先生の町が保たれていくのか、という危機感があったはずである。

大合併には、あちこちから異論が出ていた。合併は、イコール合理化。職員と議員数は減り、住民サービスは低下し、町が寂れていく。大きな町になると、いままで築いた小さな町の歴史・文化を守っていけるか。ほころびがでるのではないか。

対馬・厳原町と20数年、友好関係を続ける高月町を、私は20回訪ねている。あるとき、永留久恵先生と一緒に訪ねたとき、先生は「ここは芳洲先生の信者の町だ」と感心されていた。芳洲の精神を掲げ、町の隅々までアメニティー（快適空間）が広がっていた。町に清流が流れ、風車が廻り、快適で整った田園風景が広がっている。

合併した長浜市には、高月町のように通信使を縁にした姉妹縁組をしてほしい。それに楔を打ち込む意図で開催されたのが、高月大会ではなかったか。

高月町が掲げた大会テーマは素晴らしかった。「湖北の町からアジアが見える」。まさに芳洲魂を全面に打ち出した意気込みが感じられた。

記念講演をされた上田正昭・京都大学名誉教授の演題は、「朝鮮通信使と雨森芳洲」。上田先生は高月町雨森地区にある蔵を度々訪ね、雨森芳洲に関する古文書を調べるなか、芳洲の外交哲学に出会って、感動したという。その一節が61歳のとき芳洲が藩主に説いた『交隣提醒』にでてくる。「互いに欺かず、争わず、真実を以て交わる」誠信交隣の精神である。

この一節を、前後を含めてすらすらと述べられる上田先生に、「相当な入れ込み方だ。すごい」と私は思った。その後、上田先生は「雨森芳洲は、日本が世界に誇る国際人だ」と機会ある度に説き、広めていった。

1990年に来日した盧泰愚大統領が宮中晩さん会答礼で雨森芳洲を称えたが、その草案は徐賢燮先生が書いた。徐先生は、こう明言されていた。

芳洲が近年まで世に知られなかったのは、明治政府の欧米をモデルにした富国強兵、脱亜入欧のせいであり、これは芳洲の思想とは相容れなかったからだ。

高月大会で、日韓政府から勲章を受章された二人の方のお祝いがあった。姜南周先生の旭日中綬章と上田先生の修交勲章崇禮章である。どちらも、外国人に与えられる最高の勲章であった。このお祝いに、会場は湧いた。

（5）第17回新宮大会（2010年11月）

これまで30回開いた縁地連全国交流大会で、忘れることが出来ないのが新宮大会である。1999年に結成された新宮チェビの会の冨永正治会長は、縁地連に加盟すると、「新宮町で、なんとしても全国大会を開催したい」と口癖のように言っていた。

チェビの会会員の町議・篠崎寅喜さんも、通信使の資料を集め、研究を続けていた。しかし、新宮町は、この民間団体の取り組みに後ろ向きで、新宮大会開催は厳しいのでは、というのが大方の見方だった。その評価を崩したのは、2004年の「とびうめ国文祭」であった。新宮町ではシンポジウム「いま蘇れ芳洲のこころ」が開催され、新宮町が朝鮮通信使の町であることを印象づけた。パネリストには、仲尾宏（京都造形芸術大学教授）、徐賢燮（駐福岡大韓民国総領事）、児嶋正（元新宮町誌編纂委員会委員

福岡県新宮町で開かれた「とびうめ国文祭」シンポジウム＝2004年

長）の各氏に、私も加わり、盛り上がった。

このシンポで、私は芳洲の「互いに欺かず、争わず、真実を以て交わり」に、「侮らず」という言葉が入っていてもおかしくないのでは、という考えを披露した。

秀吉の朝鮮侵略は失敗に終わり、家康の意思で国交修復がなされ、朝鮮通信使が派遣され、日朝に平和・友好関係が樹立された。しかし、朝鮮を見くびる、見下す日本武士の優越感は消えることはなかった。

これを突いて、私はあえて「侮る」という言葉を投げかけた。すると、パネリストの仲尾宏先生から「欺かず」のなかに、侮るというニュアンスが含まれるという説明があった。

江戸時代、福岡藩が通信使を迎接したのは城下ではなく、玄界灘に浮かぶ相島（現、新宮町）だった。島でもてなしたがために、朝鮮ブームが城下では起こらなかった。

通信使を迎接したのは福岡藩。今でいえば、県下を挙げてもてなしたことになる。しかし、新宮町に隣接した福岡市は、うちには関係ないという姿勢だった。これもチェビの会を悩ましたマイナス要因であった。

冨永さんは、縁地連新宮大会を視野に、「とびうめ国文祭」成功のため、通信使の市民講座を毎月開催して、市民意識を高めていた。会員である篠崎町議は対馬・厳原港まつりにも足を運ばれ、収集した通信使資料を整理したスクラップを見せてくれた。ほかにも陶器の通信使人形を製作された元教師の松﨑直子さん、東順治・衆院議員夫人も熱心に新宮大会を支援してくれた。「相島に歴史のロマンを咲かせよう」を大会スローガンにした新宮大会は、運営を民間が担う、過去に例のない大会となった。わずかな救いは、新宮町文化協会が事務局を引き受けてくれたこと。しかし、運営資金が厳しく、工夫を重ねながら資金調達を続けた。

大会直前「直腸ガンを患いました」と冨永会長から電話が入ったとき、私は思わず天を仰いでしまった。それでも冨永会長は大会成功を諦めず、本番では車椅子に乗って舞台に上がり、主催者挨拶をした。大会が無事終了した数カ月後に、息を引き取ったが、冨永会長の執念あっての実り多い大会だった。

大会では、相島の子供たちによる「石の唄ひびけ」が上演され、これを観劇した姜南周先生が感動して、「ぜひとも釜山公演を」と申し出た。さらに、釜山の盆浦小と相島小を含む新宮町3校との姉妹縁組の提案も。この二つとも、姜先生のお世話で、立派に実現している。有言実行の姜先生は、地元町民から感謝される恩人となった。

（６）第18回対馬大会（２０１１年11月）

易地聘礼から２００年、「対馬大騒動」へ

１９９５年に結成した縁地連の全国交流大会は毎年1回、ゆかりの町をリレー式につないで開催してきた。1回、5回、10回といった節目の大会は、対馬が担って盛り上げてきた。だが、15回大会は下関にお願いして、今回対馬で開催した。

この年は２０１１年で易地聘礼《えきちへいれい》の１８１１年から数えて、２００年目に当たった。易地聘礼とは、従来江戸で行っていた国書交換の儀式を、場所を変えて対馬で行うことをいった。これが最後の通信使になるとは、対馬藩も考えてもいなかったはずである。

将軍の代替わりの度に、慶賀使として、朝鮮国王の国書を携えてきた通信使は、１７６４年以来、不作・凶作、治安の悪化などを理由に途絶えていたので、47年ぶりの盛儀となった。派遣の名目は家斉将軍の襲職にあったが、通信使は江戸で将軍直々に国書を渡せなかった。

しかし、47年ぶりの通信使迎接は国家事業であり、日本側から３０００人を超える関係者が玄界灘を渡った。朝鮮側は派遣人員を３００人に落とし、三使のうちの従事官は廃止された。

易地聘礼のしわ寄せはあったが、朝鮮の外交使節を久々に迎え、府中の城下町は賑わった。寛政の三博士の一人、古賀精里《せいり》（佐賀藩儒学者）に付き添う役柄として、対馬入りした弟子・草場佩川《くさばはいせん》（多久領の儒学者）の『津島日記』には、スケッチ入りでその様子が手に取るように描かれている。

島民の意識喚起へ多彩な仕掛け

「200年ぶりの対馬大騒動をやろう」。こう意気込んで臨んだ2011年の対馬大会は、多彩なプログラムを組んで前年から臨んだ。小中学生を対象にした絵画コンクール、島外の芸術家によるアートファンタジーをはじめ、仁位孝雄さんが中心になって繋ぐ日韓合同写真展、斎藤弘征さんが委員長となっての特別資料展、宗家の菩提寺・萬松院祭り、市民劇団「漁火」によるミュージカル「対馬物語」、韓国の芸能舞踊団公演といった具合に、200年前の易地聘礼の賑わいに迫ろうとする「対馬騒動」だった。

縁地連結成以来、対馬6町で厳原町が中心的な役割をしていたため、不調和音が生じていた。平成の大合併で対馬市になった割には、通信使顕彰事業の成果が旧5町に広がっていない。

そこで、前年から対馬大会に向けて、通信使への島民の意識を高めるため、通信使の存在と意義を伝える一般向けの市民講座を厳原で10回、比田勝で5回実施し、島内7つの小中校、2つの高校を対象に、通信使の歴史を教える出前講座も開催した。

縁地連の事務局長を、二宮照幸君から引き継いだ阿比留《あびる》正臣君は、「飛ばしますから、覚悟してください」と意気込みを語っていたことを息子から聞いた。

阿比留君はソウルに1年間、語学留学した経験があり、対馬市役所に韓流の風を吹き込んでいた。

歴史作家・辻原登先生から励ましの書簡

2009年11月から2011年1月まで、「日本経済新聞」朝刊に連載された辻原登先生の『韃靼《だったん》の馬』は、第15回司馬遼太郎賞を受賞した。江戸時代、12回にわたり朝鮮王朝が派遣した第8次朝鮮通信使（1711年）を取りあげ、対馬藩随行員の藩士・阿比留克人《かつんど》に与えられた極秘任務を描く歴史活劇である。新聞に連載されていた当時、楽しみに欠かさず読んでいた。

これを描くに当たり、辻原先生は対馬を度々訪れ、構想をふくらませている。対馬で、辻原先生と私は何度か会った。歴史小説家は、作品づくりのために資料を読み、現地を訪ねて、構想を練る。その間、5年前後を新作の準備に充てるという話を聞いたことがある。

辻原先生が対馬に来たときには、すでに朝鮮通信使関係の資料を跋渉されていた。私は、いろいろ質問を受けたし、江戸時代、通信使を迎えた厳原の町を歩きながら語りあった。お互い1945年生まれの同年ということもあり、丁々発止のやり取りがあった。

その縁があったからこそ、易地聘礼という対馬止まりの最後の朝鮮通信使から200年目に当たる2011年、対馬で開かれた縁地連全国交流大会には、辻原先生から大会の成功を祈る書簡が大会実行委員会宛てに届いている。その中にこうある。

「朝鮮通信使」は、日本と朝鮮のみならず、大陸中国・モンゴル・中央アジアを結ぶ歴史に例をみない、壮大なミッション、大デレゲーションであったこと、その歴史的意義の重要さは百万言を費やしても語り尽くすことはできないでしょう。

さすが、壮大なスケールで通信使を描く作家である。この言葉から歴史の真相に身を挺してきた作家の心境が感じられる。

「対馬の人々と風光から限りない恵み」

さらにこう書いている。

そこで、私は、朝鮮通信使事業の中で、最も重要な役割を担った「対馬」という邦《くに》の美しさについていてだけ、述べたいと思います。

ここにある「『対馬』という邦の美しさ」という一節に、辻原先生の史眼の鋭さについて想起した。『韃靼の馬』を日々拝読して、対馬への愛情を感じていた。以前、来島した政治学者の矢野暢先生の「対馬の尊厳」に重なる思いがした。

私は、対馬を何度も訪れ、対馬の人々と風光から限りない恵みを享けております。その恵みを酵母ともパンともして、『韃靼の馬』という長篇小説を今年、仕上げることができました。

ここで、この小説の冒頭で、対馬の娘阿比留利根《とね》の言葉をお聴き下さい。

これは日本経済新聞社の担当に提出された生原稿のコピーなのであろう。400字詰め原稿用紙に、一字一字、流暢な筆跡で書き込まれた『韃靼の馬』の冒頭部分に、心が吸い込まれていった。連載小説の新聞を日々読んでいたときの光景が蘇ってきた。冒頭部分を紹介したい。

わたしの名は利根、阿比留利根です。

対馬に生まれ育ちました。まだ一度も対馬を出たことがありません。

対馬と書いてツシマと読む。あるいはツシマと発音して対馬と書く。ふしぎでなりませんが、日本から新羅に渡るときの津（寄港先）であったところからと聞くと納得がゆきます。

また、古代、朝鮮半島西南部の地名、馬韓に対面する位置にあることから対馬と書くのだといいます。すべて兄からの受け売りですが……。

ツシマは美しい島です。ですから、対馬という地名の本当の由来は、ウツクシキシマにあるのではないでしょうか。ご覧なさい、浅茅湾《あそう》に沈む夕日を、五月、鰐浦の岬を雪化粧したようにおおうヒトツバタゴの白い花群《はなむら》を。

天気の良い日には、棹崎《さおざき》の端《はな》に立てば釜山の山並みがみえます。時には町並みが、兄のいた倭館の楼閣が蜃気楼のように浮かぶことがあります。でも、決して渡っていくことはできません。

（集英社文庫『韃靼の馬』上巻より）

この冒頭の部分は、国境の島・対馬の在りようを、自然・地勢・歴史を踏まえてわかりやすく阿比留利根に語らせている部分で、対馬を訪れたことのない方々にも、一読すれば島のイメージがすっと入ってくるのではないかと思う。

対馬を詠まれた昭和天皇の御製歌

辻原先生の書簡には、昭和天皇の御製歌も紹介されていた。

我が庭のひとつばたごを見つつ思う
　海の彼方の対馬の春を

この御製の歌碑は、上対馬町西泊の公園に立っている。昭和天皇がご覧になったヒトツバタゴは、上対馬町の町長が宮城内に植えてほしいと持参した若木である。

昭和天皇は全国行幸を盛んに行っている。対馬にも来られたが、対馬に深い関心を持つきっかけは、渋沢栄一の孫・敬三から対馬に関する話を聞かれたかどうかである。

渋沢敬三は実業界で活躍し、幣原《しではら》喜《き》重郎《じゅうろう》内閣では大蔵大臣も務めている。その敬三のもう一つの顔は、民俗学者であった。彼の大著『日本魚名集覧』は昭和天皇の座右の書であったといわれる。敬三は戦後、八学会連合（のちに九学会）調査を提唱し、１９５０（昭和25）年に調査員を対馬に派遣した。ぼっ発した朝鮮戦争の戦闘が続き、その砲弾の音が海峡を超えて対馬にも聞こえた頃であった。

その話が昭和天皇にも、実際に対馬を視察した「農政の神様」といわれた政治家・石黒忠篤氏を通して報告が伝わっている。

２０１１年、通信使ゆかりのまち全国交流対馬大会の運営に当たられた官民の関係者にとって、辻原登先生の書簡が大きな励みになった。

辻原先生が『韃靼の馬』執筆を通じて、対馬ファンになっていただいたことを嬉しく思った。お手紙の最後は、こう締めくくられていた。

私は来年春、ヒトツバタゴの花の咲く頃、対馬を訪ねる予定です。

昭和天皇の御製歌
我が庭のひとつばたごを見つつ思う
海の彼方の対馬の春を

と口ずさみつつ、対馬再訪をたのしみにしています。
大会の成功をお祈りしつつ。

不尽

平成二十三年十一月一日　　辻原登

対朝鮮外交の要、対馬藩の役割の大きさ

通信使行列で、姜南周先生が1811年の通信使・正使の金履喬《キムイキョ》に、私は小倉藩主・小笠原忠固に扮した。本番前、時代装束の衣冠束を着けるのが大変だった。着付けは神社の宮司が担当したが、これはいままでないことだった。控室で、役を務める10数名が集まり、当時を再現するようなメイクも施された。時代衣裳を着ると、いかにも自分がその役になり切ったような、顔つき、目つき、振舞いも普段と異なるようになる。役柄になり切るとは、こういうものか、と役者の心境を追体験したような気分を味わった。

行列のハイライト、国書交換式は従来、宗家の菩提寺・萬松院と厳原港祭りの本舞台で行っていたが、易地聘礼の今回は特別に町民体育館で実施された。幕府の代行をすべて任された対馬藩のお役目は極めて重い。これを観覧に来た島民へ、史実に沿って再現することで伝えたいと担当者は意気込んだ。

1719年の通信使は、吉宗将軍の襲職を祝う使節。8歳で死去した家継の跡を誰が継ぐか。その後継をめぐり諸説がぶつかり合い、結局は御三家のうち紀州藩から将軍職に担がれたのが吉宗である。文武両道の将軍で、質素・倹約、実学を重んじる異色の存在だった。

家宣の侍講、新井白石が行った通信使迎接儀礼の簡略化を廃し、その前の天和度（1682年）の

通信使に対する儀礼に復した将軍であった。善隣友好を重んじ、通信使の来日を歓迎する姿勢を明確にした。これは評価できるが、対馬藩にとっては、やっかいな将軍であった。

というのは、輸入代金がかさむ朝鮮人参を国内で生産できないか。さらには、朝鮮半島の薬草調査を通じて、漢方の実態をつかむことに熱意を示したからである。

この二つは、対馬藩を通じて極秘に調査が行われたが、朝鮮の実働部隊は対馬藩と親密な仲にある訳官使を通じて行われたし、その結果は後に対馬藩の対朝鮮貿易に損害を及ぼす、マイナス効果となった。

辻原登先生の『韃靼の馬』は家宣将軍の時代、1711（正徳元）年に来日した第8次の通信使を描いている。通信使を迎え入れ、江戸まで案内する対馬藩の苦労の様が随所に描かれている。

大会実行委宛てに届いた辻原先生の書簡を思い出し、対朝鮮外交を家役とした対馬藩が当時、いかに日朝の間の平和・友好に貢献したか、それを歴史小説で再現した功績の大きさを改めて思った。

最後の通信使から200年の節目に行われた再現行列と国書交換式の参加者＝2011年

「辻原先生に、対馬に来ていただき、講演をしていただこうじゃないか」『韃靼の馬』を読めば、対馬に対する愛情がひしひし伝わってくる。その心根を先生の謦咳《けいがい》に接することで感じてほしい。私は、そんな思いを抱き提案した。

1811年以降も、通信使来聘の努力続く

易地聘礼の後も、対馬藩は通信使の往来がある限り、平和外交を続け、朝鮮貿易を維持できるものと考えていた。

12代将軍家慶の聘礼は老中水野忠邦により「大坂挙行」と提案があったが、忠邦の失脚で立ち消えに。その後、改めて1850年実施と決まったものの、江戸城西の丸の火災で、再度延期。13代将軍家定の襲職を迎え「1866年対馬で」となったが家定の病没で中止に追い込まれる。14代家茂の襲職慶賀の折、1876年に「対馬で」という合意が朝鮮との間でできていたが、徳川政権の瓦解で、通信使を迎え入れる国家自体が崩壊してしまった。

明治新政府は、新政府の承認を求めた書簡の受け取りを朝鮮政府が拒否したため、「征韓論」が浮上する。政府間の主導権争いもあって、通信使の築いた日朝友好関係は風前の灯となる。

その一方で、釜山と対馬を結ぶ訳官使は、1850年~1860年まで続いていた。訳官使はミニ通信使であり、その往来は通信使をいつでも復活できるという土台となっていた。国対国の、二国間外交ができたのは、釜山と対馬がいかに安定した関係を維持していたかに尽きるし、それは訳官使、裁判使の往来の頻度を通して知ることができる。

誇りある島の歴史を、次世代へ

1811年の易地聘礼では、通信使迎接にあたった佐賀藩の古賀精里、草場佩川が友好的な態度で朝鮮側に好感された。息子の古賀穀堂《こくどう》は藩主鍋島斉直の世子、直正の教育係となって、直正をして藩政改革、藩の近代化を推し進める名君に育てた。

私は、佐賀市にある佐賀歴史博物館を拝観して、古賀精里、穀堂父子がいかに佐賀藩を雄藩に育て導いたか、を思った。明治新政府の一角に、佐賀藩が「薩長土肥」と名を連ねたのは、なぜか。古賀父子の存在の大きさを思わずにはおれなかった。

縁地連第11回対馬大会では、「朝鮮通信使特別史料展」を斎藤弘征先生の主導で開催したが、この中には古賀精里、草場佩川に関する史料や、高月町からも、後に世界記憶遺産登録リストに結びつく貴重な史料が展示されていた。

史料展を観覧した私は、通信使の船旅が過酷だったことを改めて思った。それは、徐賢燮先生も指摘されていた。

中国に行く燕行使の人気は高いが、日本へ行く朝鮮通信使になりたい役人は少ない。通信使の任務は命懸けであったからです。船旅が苛酷なことからも、そういえます。

通信使は釜山から6隻の船に乗り、まずは対馬を目指す。6隻のうち3隻は卜船といって貨物船。通信使一行は正使船、副使船、従事官船の3隻に乗船する。釜山から対馬まで約50キロ。ここが難所で、いろいろなアクシデントが生じている。波浪による船の揺れで、体調を壊す人もでて来る。

対馬の西北端、佐須奈に到達した後、藩主のいる厳原までは、さらに10日を要する。徐先生がいわれるように、日本使行は命懸けである。

１７６４年の第11次の通信使においては、釜山出発間際にトップの正使が替わった。正使に任命された鄭尚淳《チョンサンスン》が老母の世話にかこつけて長旅を避けたのも、いまだに通信使としていくことが危険極まりない使行として見られていたためであったようである。（鄭章植《チョンジャンシク》著『使行録に見る朝鮮通信使の日本観』明石書店より）

通信使と同様に、命懸けだったのは対馬藩も同じである。釜山から江戸まで安全に往来できるよう、細心の注意を払った。

これを再現するように努めた縁地連の第11回対馬大会は、関係者を集めた反省会で「通信使の存在、役割を広く島民に伝えられた」という声が大勢を占めた。島民からは、次のような声が寄せられた。

「国書交換を、将軍家に代わって対馬藩がやったのは偉業である」

「対馬の先人は骨身を削って、対馬の『尊厳』を守った」

江戸時代、対朝鮮外交を家役とした対馬藩は日本国の中心的存在だった。国境の島の郷土史から学ぶべきは、この誇りある歴史である。次の若い世代には、これを受け継いでもらいたい。

（７）第19回釜山大会（２０１２年５月）

２０１２年の縁地連のゆかりのまち全国交流大会は、海峡を越えて、釜山で開かれた。２００３年に次ぐ海外大会で、５月の「子どもの日」に合わせて開催される朝鮮通信使祭りに参加する、日韓合同大会のような性格を帯びていた。

龍頭山《ヨンドサン》公園に設営された特設舞台で、日韓の芸能が披露されて、連日賑わいを見せる。南浦洞《ナンポドン》を一気に盛り上げるメーンのパレードは、龍頭山公園から光復路へと2キロの道を、対馬の武士団を先頭にした朝鮮通信使行列に、日韓の市民団体、慶尚道各地の民俗無形文化財など総勢1500名が練り歩く。

釜山・龍頭山公園で行われた通信使行列の出発式

釜山三大祭り（祝祭）の一つとなった朝鮮通信使祭りは、日韓で作り上げる交流行事として、マスコミも大々的に報道するまでになっている。行事も多彩で、朝鮮通信使学会、対馬市民劇団「漁火」による『対馬物語』公演などのほか、縁地連独自の地域史研究部会も開催された。

この大会で、何にもまして記憶に残ったのは、コモドホテルで開催された日韓交流の夕べ晩餐会の席で、歓迎の挨拶に立った釜山文化財団の南松祐代表理事の言葉だった。

「朝鮮通信使世界遺産、（日韓）一緒にどうですか」

この呼びかけに、私は即座に「やりましょう」と応えた。参加した日本側の方々も同じ思いで、元高月町長で芳洲会会長の北村又郎さんが私の席にやってきて、「やりましょう」と握手をもとめてきた。

世界遺産申請のアイデアは、すでに姜南周先生から聞いていたが、それが南松祐代表理事に受け継がれ、今回の公式な場での提案となった。私は、「いよいよ長い道程が始まる」という意識だった。すんなりと行くはずがない。山あり谷あり、紆余曲折を経験しながらゴールにたどりつけるものと予想していた。

日韓の研究者が発表・討論した国際シンポジウムで、許敬震《ホキョンジン》・延世大学教授が「朝鮮通信使を世界遺産するための努力は、日本から始まった。そのときは、韓国はまだ消極的だった」と述べたことに、会場から反響があったことを思い出す。

晩餐会が終わった後も、通信使の世界遺産登録に向けての興奮が残っていた。「いよいよやるか」という情熱のテンションが下がらない。部屋に戻ってもなかなか寝付けず、睡眠薬の世話になる始末だった。

（8）第20回瀬戸内大会（2013年11月）

平成の大合併で、牛窓町を含む3町によって瀬戸内市が誕生した。合併前、牛窓町には第6回目の縁地連ゆかりのまち全国交流大会を引き受けていただいた。今回、大会テーマとして「瀬戸内市からアジアへ―朝鮮通信使を通じた交流と未来への伝承」を掲げた。

牛窓町は、私にとって親しみの湧く「第二の古里」である。50回近く訪問しているし、毎年のように対馬・厳原港祭りに来ていただいている。

1990年、初訪問の牛窓町で驚いたのは、その年に朝鮮通信使資料館（海遊文化館）を開館させて、通信使顕彰活動に取り組んでいたことである。ゆかりの町で、最も早くから通信使を軸にした地域起こしを始めていた。

朝鮮通信使研究家・辛基秀先生の思い入れが深かったのが牛窓町で、通信使資料館は辛先生のアドバイスによって、実を結んだという話を聞いていた。

この年1月に、姜鶴子夫人から、次のようなお手紙をいただいた。


縁地連が始まる時に対馬と牛窓とどちらを先にするか議論があり、結局、辛が対馬から行こうと決断したことで対馬から始まったエピソードは今でもはっきり覚えています。

牛窓町の東原町長（後列右から２人目）を対馬に迎えて＝鰐浦の韓国展望台で

その牛窓で、お互い気が合い、兄弟分の盃を交わしたのが奥村隆幸さんであり、紺の浦区長を長年務める藤原実さん、唐子踊り保存会会長の柴田清志さんだった。私は親戚以上の付き合いをしてきた。そのわれわれを繋ぐ縁はもちろん通信使であり、雨森芳洲だった。その縁で、紺の浦区と厳原町の日吉区のコミュニティ縁組み、さらには牛窓町と厳原町の姉妹縁組へと発展していった。

縁地連20回大会は、瀬戸内牛窓国際交流フェスタに合わせて開催された。韓国の姉妹都市・密陽《ミリャン》市から高校生を含む交流団が来られ、大会を盛り上げた。通信使を世界遺産にと踏み出した縁地連を後押しするかのように、賈鍾壽《カジョンス》・就実大学教授の記念講演は「牛窓『朝鮮通信使関連史跡』～ユネスコ世界文化遺産の登録を目指して」という演題で行われた。

夜の交流晩餐会でお披露目したものがある。通信使の精神「誠信」を大書し、辛基秀基金の印字を金色で描いた大会旗である。

姜鶴子夫人から頂いた縁地連への寄付金100万円でつくった辛基秀基金から、その一部を使用して大会旗製作にあてた。見栄えのする出来であった。以後、毎年、縁地連全国大会があるごとに持ち廻りで開催地に引き継いでもらうことになった。

大会前、縁地連を単なる任意団体ではなく、知事の許認可事項である特定非営利法人（NPO法人）化することを私は理事会に図り、賛同を得た。これには、意図があった。それは、通信使を世界遺産に登録申請していく上で、縁地連は社会に対して公正かつ透明性の高い運営を行い、社会的な信用をもとに、幅広く活動していきたい。それには、NPO法人化が望ましかったからである。

通信使の世界遺産登録に向けて、縁地連内に基金を創設した。私が寄付した500万円がもととなった。基金設置目的として、こう意義付けた。

NPO化した縁地連の重要な事業を助成し、本協議会の拡大化と安定運営を図り、以て日韓友好交流事業の活性化に資する。

（9）第21回川越大会（2014年11月）

川越（埼玉県）で、なぜ縁地連朝鮮通信使ゆかりのまち全国交流大会が……。本来、通信使は川越を通っていない。家光将軍の要請で始まった日光参拝が3回あったが、その折も経路から外れている。その川越に通信使との縁があるのは、地元の豪商・榎本弥左衛門《えのもとやざえもん》のお陰であった。弥左衛門は1655年、来日した通信使を江戸で見学していた。

> 唐人、十月二日ニ江戸へ入、同八日に御城へ御目見へ仕候。此時雨少ふり、上位へらしやのかつは（合羽）百計被下れ候。下位ニからかさ（傘）一本づつ也。同十四日ニ日光へ行、同廿二日晩方、江戸へ帰り候。
>
> （『榎本弥左衛門覚書』東洋文庫695・平凡社より）

その後、川越氷川祭礼（川越祭り）で仮装行列が始まった。榎本弥左衛門が発案したのか？　彼が、これにかかわっているのは確かである。

長く埋もれていた仮装行列が、「唐人揃い」として2005年に復活した。実行委員会の江藤善章会長と、小川満事務局長はともに元高校教員。多文化共生を前面に、唐人揃いを含む国際パレードを続けていた。

縁地連としては、関東で最初の大会。それも福岡の新宮大会に次ぐ民間団体主催の大会となった。大会運営は大変だったと思うが、蓮馨寺、川越氷川神社、高麗《こま》神社などがこぞって後援していた。このお陰か、「行列のとき、一度も雨にたたられたことがない」という話も聞いた。こころ強い限りである。

記念講演では、高麗神社第60代宮司の高麗文康《こまふみやす》氏が「東国武蔵の民際交流」をテーマに話された。宮司が、関東に高麗国をつくった朝鮮系渡来人・若光《じゃっこう》の末裔であることを知り、驚いた。

唐人揃いパレードには、釜山からたくさんの応援隊が来て、花を添えた。

主催者挨拶で、江藤会長は、こう述べた。

この大会が韓国KBSワールドニュースとして報道され、「嫌韓」や「ヘイトスピーチ」だけではない日本の動きを紹介する番組になったのではないか。

私は姜南周先生、新しく就任した釜山文化財団の李文燮《イムンヒョプ》代表理事らと一緒に参加し、パレードを見学するため、町を歩いた。川越は、古い江戸の、風情ある街並みを残すところから小江戸と呼ばれている。歩いていて、それを十分に味わうことができた。

（10）第22回大垣大会（2015年11月）

江戸時代、大垣（岐阜県）は大垣藩戸田家十万石の城下町であった。大垣は中山道と東海道をつなぐ美濃路の宿場町として栄え、江戸へ向かう朝鮮通信使は行きも帰りも大垣での宿泊が恒例とされた。通信使の痕跡が、朝鮮山車や豊年踊りに刻まれている。ここにも朝鮮ブームが捲き起こったのである。

1711年の通信使製述官・申維翰《シンユハン》は使行録『海游録』のなかに、大垣の印象をこう記している。

今須駅で昼食をとり、二更の刻に大垣に至る。燈籠晃朗として数十里、さながら倭京（京都）の如く、民戸の盛んなるは佐和（彦根）の如し。使館は花林院で、余の坐る所もまた弘敞である。

大垣大会は2005年に次ぎ2回目。今回、大垣城築城480年に合わせ開催された。大垣は、江戸時代の俳人・松尾芭蕉が「奥のほそみち」の旅を終えた「むすびの地」としても知られる。縁地連の総会は、奥の細道むすびの地記念館で開催された。

開会行事の後、記念講演した青柳周一・滋賀大学教授が「美濃路の人々と通信使」と題して、史料から見えて来る通信使の足跡について話した。通信使が書いた『東槎録』には、舟橋を取りあげた箇所がある。

木曾川を渡ったが、浮橋の規模が極めて精巧であり、船はすべて新造され、大小が同じに作られ、左右の大綱はみな鉄で作られ、大きさは股のようであった。見物の人だかりはすごく、壮観であった。

日韓市民文化交流では、大垣市と韓国の昌原《チャンオン》市の少年少女合唱団が歌声を披露した。毎年双方で交歓演奏会を開催し、交流を深めていると聞き、我がことのように嬉しかった。

夜の交流晩餐会で、縁地連の理事を務める「朝鮮通信使ウオークの会」の遠藤靖夫会長と、韓国側のパートナーである「韓国体育振興会」の宣相圭《ソンサンキュ》会長に、縁地連松原基金から誠信交隣賞を贈呈した。通信使初訪日から400年の節目、2007年から2年毎に開催されている「21世紀の朝鮮通信使ウオーク」は、縁地連の活動の中で、最も偉大な事業として我々は賞賛するとともに、誇りに思っている。この平和行進は4月1日、ソウルの景福宮前を出発し、5月23日に東京に到着する53日間約1200キロのウォーキングである。なかなかできるものではない。平均年齢70歳を超える方々が挑戦する姿に、感動しない人はいないだろう。

(11) 第23回福山大会 (2017年3月)

「日東第一形勝」と通信使に称えられた福禅寺の対潮楼。ここは鞆の浦（広島県福山市）のなかでも観光名所である。1997年以来20年ぶりの福山大会は、市制施行100周年記念事業の一つとして

福禅寺の対潮楼（福山市）で、「共同記念書」を披露

開催された。例年秋に開くことが恒例だが、福山大会は異例の春3月に実施された。

大会前日、枝広直幹《なおき》・福山市長、柳鍾穆《ユジョンモク》・釜山文化財団代表理事、縁地連理事長の私の三者によって、「共同記念書」が制作された。場所は名勝・対潮楼。ユネスコ世界記憶遺産の推進をPRし、縁地連の福山大会を盛り上げるためである。

対潮楼では、日韓文化交流イベントとして、「日韓トップ囲碁対局・鞆」も開催された。

マスコミが大きく報道したのは、通信使を迎えるイベント。通信使船を模した福山藩船と正使船に約50名が乗り、江戸時代から残る常夜灯前に入港する光景は、当時を彷彿させる雰囲気があった。

交流会は、分部町（三重県津市）の唐人踊りで幕開けし、鞆小学校の児童による創作劇「日東第一形勝」、夜の交流会ではサプライズとして踊り手100人が「福の山音頭」を披露した。福岡・相島から中澤慶輝・神宮寺住職が足が不自由のところをわざわざ参加されていることに感激した。

大会の締めとして、参加者全員で、「ふるさと」と「アリラン」を歌い、ユネスコ「世界の記憶」

遺産登録を祈願して閉会となった。

（12）第24回京都大会（2017年11月）

京都は、桓武天皇が794年、長岡京から平安京に遷都したことに始まる。京都は都として長く続くが、明治政府が樹立され、天皇が東京に移られた1869年で、都の役目を終える。しかし、東京遷都後も、京都の人は文化首都としての気概を持ち続けている。

京都は都として、1075年の歴史をもつ。海外観光客からも、京都は日本ナンバーワンの観光地として人気を博している。

東アジア文化都市2017京都関連事業の一環として開催された、縁地連第24回ゆかりのまち全国交流大会。京都易地聘礼400周年記念として位置付けられた。通信使の最大の任務、国書交換の儀は通常、江戸城で行われた。それを易地、つまり場所を変えて行ったのは対馬と京都だけであった。1617年、第2次の通信使は、豊臣一族を滅ぼした「大坂平定」の名目で、京都伏見聘礼にとどまった。1811年、最後の通信使は両国の経済事情と治安悪化のため、対馬聘礼に終わった。

京都大会開催に尽力された仲尾宏先生は、こう喜びを表現している。

京都は、通信使来日を軸とした日朝外交史において、江戸にも勝るとも劣らない重要な場所であり、こうしたゆかりの地で第24回大会を開催できたことは望外の喜びであります。

2012年から取り組んできた「朝鮮通信使に関する記憶」ユネスコ世界記憶遺産に登録が決定した直後の大会となった。登録リストに京都大学総合博物館、高麗博物館、泉涌寺、相国寺慈照院などから貴重な史料が名を連ねていることに、感謝の念が湧く。

京都ホテルを会場にした通信使ゆかりのまち全国交流会は、高校生のピアノ連弾から始まり、仲尾先生の基調講演、高校生の合唱歌、創作舞踊劇と進んだ。この舞踊劇のテーマは「朝鮮通信使が京都にやってきた」で、韓国舞踊学院の裵梨花《ペイファ》代表が演出、仲尾先生が監修されている。通信使が平和の使節だったことを前面に打ち出した、魅力的な舞踊であった。

夜の交流晩餐会では、即席のユネスコ登録達成の祝賀幕が掲げられるなか、私と釜山文化財団の柳代表理事が、手を取り合って登壇し、満面の笑みで万歳をした。

「東アジアが鼓動する」をキャッチフレーズにした東アジア文化都市京都関連事業は、趣向を凝らした多彩さだった。食文化、伝統芸能、文化交流公演などで、日本文化の中心地が京都にあることを印象づけた。

秋本番、色鮮やかな錦秋の季節に開催された第24回大会は、国内外から観光客が殺到する季節に行われたため、宿泊先がない、移動するにもタクシーがいない、といった不便この上ない大会であったが、観光地として日本ナンバーワンの京都であるから、参加者たちは「やむなし」と腹をくっていた。

（13）第25回上関大会（２０１８年11月）

この大会を待ち望んだ地元の人たち、とりわけ上関郷土史学習にんじゃ隊の皆さんにとって待望の大会となった。にんじゃ隊の井上敬二さん、安田和幸さん、井上美登里さんの笑顔が思い浮ぶ。「縁地連大会を一度上関で」と皆さんと誓い合って、随分と年数が経過した。

上関郷土史学習にんじゃ隊は縁地連結成そうそうに加盟し、20数年を迎えていた。その後、上関は地域史研究部会を起ち上げた場所となっており、何か深い縁を感じる。

上関は、山陽本線の柳井駅から車で30~40分ほどかかる、不便な場所にある。地元だけでは宿泊も十分でなく、柳井に戻って宿泊する人も多くいた。

上関は、江戸時代には海上交通の要衝として栄え、寄港した朝鮮通信使に関する史跡が数多く残っているところである。通信使三使が宿泊した御茶屋の石垣跡、警備に当たった旧上関番所を思い起こす。ほかにも史跡は多いが、なによりもユネスコ世界記憶遺産登録史料となった「朝鮮通信使上関来航図」（超専寺所蔵）は上関の宝である。これには往時、通信使船の上関通行時に、海上を賑わした船団の様子や、入港する街並みを描いた史料として貴重である。

大会の総会では、柳井高校の生徒たちが通信使に関する発表を行い、その後のフィールドワークの史跡巡りでもガイド役を務めるなど、大活躍をしてくれた。「朝鮮通信使と上関」をテーマに講演された山口県文書館の金谷副館長が、藩を挙げての通信使迎接、もてなしについて、詳しく触れられた。

上関町に残る、通信使が泊まった御茶屋正門の石垣

そのなかに出てくる医者の小泉家は、長旅で体調を崩すこともある通信使一行の健康管理に当たった。その末裔、小泉和夫さんが今も医者を続けており、元気な姿で大会に参加された。「歴史は、やはりつながっているものだ」と参加者は感じたはずである。末裔の姿は、感動を呼んだ。

私には昨秋、5年間を費やしてユネスコ登録を達成できた後の「燃え尽き症候群」のような虚脱感があった。新聞各紙のインタビューに、「オリンピックで金メダルを取ったような気分」と表現したことがあるが、なにか空しい気持ちが去来していた。

これを拭い去ってくれたのが、夜の晩餐会であった。旧知の仲間たちと出会い、大会の成功、ユネスコ登録の祝賀に沸いた。また、来期の開催地・長浜市（滋賀県）からも大会準備の参考のためにと、職員数名が参加していた。やる気満々の仲間たちと歓談しているうちに、「俺もまたやるぞ」という、元気が沸々と湧いてきた。

（14）日韓関係の改善願い「対馬宣言」（２０１９年10月）

年号が令和に変わって初めて開く第26回長浜大会を前に、釜山から姜南周、南松祐の両氏が対馬に来られ、悪化した日韓関係の中にあっても、両国民の自由な交流を訴えたメッセージを発信すべきではないかと提案された。

それが２０１９年10月、対馬で具体化する。ユネスコ世界記憶遺産にかかわった日韓の関係者が発表した対馬宣言である。コロナ禍に政治対立も災いして、最悪の日韓関係といわれる事態を何とか好転させたいと、通信使「誠信交隣」の精神を発信した。その内容は以下の通りである。全文を紹介する。

「対馬宣言」

わたしたちは自由で平和な国に住むことを願う。

自由と平和は隣国間の安定した関係によりもたらされる。

そして、隣国間を自由に往来し、多くの人々と交流することを望む。

人々の交流は相互理解を深め、平和の構築とその発展のための礎となる。

日本と韓国（韓国と日本）には一時的な葛藤があったものの、人々は交流を積み重ね、長い善隣友好の歴史を創りあげ、互いに文化的な発展を遂げ、今日に至っている。

日本と韓国（韓国と日本）は地理的に近い国である。

両国の葛藤と反目を誰一人望んでいない。

それにも関わらず、現在の両国政府の政治的葛藤は人々の自由な往来と交流を阻むばかりか、人々の間に憎しみや誤解、感情的な対立を生もうとさえしている。

ここで、わたしたちは「誠信交隣」の精神を取り戻すことを訴える。

16世紀末、豊臣秀吉が引き起こした文禄・慶長の役（朝鮮侵略）により両国の関係は破綻したが、その回復し難い関係を正常化し、平和を構築した精神的志向性の根本こそが「誠信交隣」の精神であった。

朝鮮通信使が平和構築と文化交流のために韓国と日本を往来し、交流を通じて生まれた多様な遺産が世に知られ、２０１７年10月にユネスコ「世界の記憶」（ユネスコ世界記憶遺産）に登録されたのも、そこには「誠信交隣」の精神があったからだ。

このような時にこそ両国の人々が活発に往来し、文化的な交流を継続・発展させ、「誠信交隣」の精神を実践することが重要である。

そのことの積み重ねが両国政府に「誠信交隣」の精神を促し、政治的な葛藤と反日を早期に終息させるものと信じている。

わたしたちは、ユネスコ「世界の記憶」（ユネスコ世界記憶遺産）登録2周年を迎え、登録を推進した民間団体として、朝鮮通信使が上陸した日本最初の地である対馬において、「誠信交隣」の精神を実践するために絶え間ない努力を注ぐことを宣言する。

令和元年（2019）10月30日

ＮＰＯ法人朝鮮通信使縁地連絡協議会理事長　松原一征
朝鮮通信使ユネスコ記憶遺産日本学術委員会委員長　仲尾　宏
財団法人釜山文化財団代表理事　姜　東秀
朝鮮通信使ユネスコ記憶遺産登録韓国学術委員会委員長　姜　南周
朝鮮通信使ユネスコ記憶遺産登録韓国実行委員会共同委員長　張　済国
朝鮮通信使ユネスコ記憶遺産登録韓国実行委員会委員　南　松祐

（15）第26回長浜大会（２０１９年11月）

長浜大会は、ユネスコ「世界の記憶」遺産に登録された雨森芳洲の事績、史料を中心に、「世界に響け！雨森芳洲の『誠信のこころ』」発信事業として開催された。なにしろ、ユネスコ登録史料の日本側総数２０９点の中では、静岡市の清見寺の49点に次ぎ、長浜市は36点もの登録数を誇る。

長浜大会は、「誠信交隣」宣言から始まった。宣言は、朝鮮通信使交流の根底にある芳洲の精神を謳った。それは芳洲の説いた「互いに欺かず、争わず、真実を以て交わることこそ大切である」という「誠信交隣」の精神《こころ》である。

ユネスコ登録2周年に当たり、「誠信交隣のこころを世界に広げるため、発展・努力していくことを誓う」という宣言があった。これは私ども縁地連自体の、これからの永遠の目標であろう。

大会は芳洲尽くし。記念講演で、釜山の釜慶大学教授・朴花珍《パクファジン》先生が演題に据えた「韓国から見た雨森芳洲」からもいえた。朴先生は、17世紀に中国語と朝鮮語を習得し、日朝のこころの外交、交流を指導した雨森芳洲は、韓国、特に釜山で有名であることなどを紹介した。

次に冨永小学校の児童による「芳洲先生こどもミュージカル」でも、芳洲が主役である。日頃からよく練習をし、熱心に演じている演目なのであろう。出来栄えもよかった。

冨永小は旧高月町の学校で、古くから芳洲の思想を踏まえた教育を続けている学校として知られている。児童の生活のなかにも、芳洲の教えが行き渡っていると、かつて北村又郎町長から聞いたことがある。

通信使を若い世代に繋いでいきたい、という夢を膨らませた企画が登場した。「列島各地に残る朝鮮通信使の足跡を考える高校生会議」の報告である。

これは、この夏、通信使ゆかりの地の7校の高校生40名が、長浜市で開催された高校生会議に参加、各地での取り組みや意見交換などで、「通信使の歴史を学び、理解を深めた」という報告が柳井高校（山口県）の吉井教諭からあった。

21世紀を担っていく子どもたちに、少しでも通信使の意義を伝えていく努力を我々縁地連は続けていかなくてはいけない。

振り返ると、雨森芳洲一色の長浜大会であった。10年ほど前の高月町時代に、平成の大合併によって芳洲の事績は薄れていくのではないか、という危惧を抱いていた。しかし、それが今回の大会で払拭されたような、爽やかな印象をもった。高月町の仲間たちも、安堵した様子だった。

※第27回釜山大会（2020年5月）、第28回対馬大会（2021年10月）は、ともにコロナ禍で中止。

（16）第29回対馬大会（2022年11月）

5年ぶり対馬で開催された朝鮮通信使ゆかりのまち全国交流大会（11月29〜30日）。そのプログラムを紹介したい。

1　開催行事＝①縁地連理事長挨拶、②歓迎挨拶、③来賓及び各地の代表紹介、④来賓祝辞、⑤祝電披露

2　こっぽうもん〜賀島兵介物語〜

3　対馬朝鮮通信使絵はがき展受賞者表彰式

4　馬上オエクササイズ
5　特別講演「朝鮮通信使行列図を読む」池内敏・名古屋大教授
6　「世界の記憶」5周年記念　国書交換式
7　閉会行事

子供が主役の大会にできないか。通信使を次世代に繋ぐ意味からも数年来、このことを思案してきた。その一環として生まれたのが通信使絵はがき展だった。対馬ロータリークラブと対馬市がコラボし、対馬全島の小学生を対象に公募した。

これには通信使に親しんでもらう意図があり、できれば夏休み、厳原町の朝鮮通信使歴史館に来てもらい、絵を描いてもらいたいという願いを込めた。応募点数は200点を超えた。この発案者は釜山から対馬に移住してきた李勇澈《イヨンチョル》、鈴木純夫妻が立ち揚げた結社「対馬ストーリー」。新しい趣向を発案し、入賞作を絵ハガキに、Tシャツに、記念切手にまでして、大変な人気だった。

「賀島兵介物語」には、「こっぽうもん」という冠をつけている。「こっぽうもん」の意味は、頑固者、変わり者という、対馬独特の言葉である。悪いニュアンスはなく、人がしないような大胆なことをやるという意味がある。

この劇の題目をつけるとき、私は立ち会っていない。しかし、子孫から市役所にクレームがあったと聞いている。ただし、子孫も対馬市民劇団の熱演を観劇し、感じ入ったようである。揉め事も、尾を引くことはなかった。

私のマンガ本『賀島兵介』も、若い人には受けている。これには「こっぽうもん」を付けていない。

釜山文化財団の代表理事・李美連氏（中央）。初の女性代表理事として活躍。左は文化遺産チームの金泫昇氏、右は金孝貞氏

今回の大会で、話題を呼んだのは馬上才エクササイズである。演じたのは「んまつーぽす」。宮崎を中心に活動しているグループ。思考方法を逆転させれば、斬新なアイデアが生まれるのではないか、という発想をもつグループである。「んまつーぽす」は逆さから読むと「すぽーつまん」である。

２０２３年４月に開館した対馬博物館と事前協議を前年から重ねた。何か新しい企画演出ができないものか、と思案を重ねた。そこに館長が「馬上才というのがある」というヒントを出したところから、突破口が開かれた。

馬上才は、日本にはない、朝鮮ならではの馬上の曲芸である。徳川将軍家光が来日を熱望し、朝鮮通信使に帯同して来日。江戸城馬場で披露された馬上才は将軍だけでなく、民衆にも好評を博した。「馬上才図巻」には、馬上横臥、馬上立倒といった様々な曲芸の姿が描かれている。

閉会行事で、縁地連大会旗が釜山文化財団の李美連《イミヨン》代表理事に渡された。次の第30回記念大会開催地は釜山である。大会旗を受け取った李美連氏は、「ユネスコ世界記憶遺産の精神を踏まえ、韓日の友好に努め、釜山から通信使の平和思想を世界に発信したい」と挨拶した。

夜の晩餐会は１５０人を超える参加者で、コロナによる2年間の空白を吹き飛ばすような盛り上がりを見せた。釜山文化財団の元代表理事・姜南周先生も壇上に立って、通信使は日韓の懸け橋であり、東アジアの平和に貢献できる歴史遺産であることを強調されていた。

(17) 第30回釜山大会（2023年5月）

縁地連は海峡を越えて、2023年5月5～6日、韓国・釜山で第30回記念大会を開いた。しかし、あいにくの悪天候で、通信使行事が中止を余儀なくされた。

釜山は2030年万博の誘致に大変熱心で、私は大会前からその協力を度々要請された。その一つにユネスコフォーラムがある。姜南周先生からは「日本の顔」として参加してほしいと要請されていた。釜山港に4日到着すると、すぐさま移動して、開催中のフォーラムに対馬市長と一緒に出席した。2025年大阪万博に真っ先に賛成・協力した韓国を、今度は日本が応援を、という雰囲気がありあり。我々は日本代表ではないが、当然「釜山万博応援」には異論がなかった。

この機会に、本来ならば対馬市長が真っ先に提案すべきアイデアを、私は満を持してぶつけた。

「朝鮮通信使をテーマにしたブースをつくってほしい」

「対馬に釜山万博の第二会場を設けたらどうか」

この発言に、会場は湧いた。あちこちから「ナイス　アイデア」と讃嘆の声が上がった。釜山と対馬が、通信使で培った絆がいかに深いか。これを改めて実感した。

話が前後するが、縁地連の大会は日本からの参加者は少なく、釜山駅前のホテルで開いた総会には、30人ほど結集したに過ぎなかった。それでも、朝鮮通信使国際学会、晩餐会、復元朝鮮通信使船の乗船体験など、日韓交流にふさわしい催しが予定通り開催された。

縁地連は記念大会の開会セレモニーを市内のホテルで開いた。その席で、釜山文化財団が呼び掛けて、関係10機関による朝鮮通信使文化交流会が結成されたことが報告された。ソウル、忠州、公州、それに釜山など各地から代表が揃った。これを発表した同財団の李美連代表理事は誇らしい顔付きでメンバーを紹介した。

この組織づくりに当たり、私は機会をつくって度々アドバイスをしてきた。日韓の通信使ゆかりのまちが一体となって、ユネスコ「世界の記憶」遺産に登録された通信使の平和の精神を世界に発信していくことを、会う度に誓い合っている。

数日後の岸田首相の訪韓を控え、約300人が参加した晩餐会では、日韓議員連盟の国会議員が熱弁を振るった。「両国発展のため相互協力を惜しまない」「2025年の大阪万博の次は釜山だ。それをしっかり支援する」と、友好色を前面に打ち出すと、会場から大きな拍手が送られた。

会期中、悪天候の中、釜山港湾を1時間クルーズする通信使復元船の乗船体験は、予定通り実施された。主に日本の縁地連会員を乗せ、出航後は船内で韓国伝統芸能のミニ公演も行われた。

子供の日に行われる、釜山文化財団が主催する恒例の朝鮮通信使祭りは、日韓合同の祭典として釜山市民にも好評である。今回、釜山に招かれた日本の芸能集団は雨のため、パレードでの出演はなかったが、路上脇に設けた特設ステージで、日頃磨いた演技を披露し、喝采を浴びた。

悪天候に泣かされた総会であったが、コロナ禍で中断された通信使の日韓合同祭が実施できたことに意義があったと、しみじみ思った。

コラム

ゆかりのまちを歩く

平成の大合併に悲哀

ゆかりの町との、そもそもの縁は、縁地連結成を呼び掛けて各地を回ったことにある。私がよく訪ねた町は、最も多いのが牛窓町（現、瀬戸内市）で50回近く、次が高月町（現、長浜市）で20回ほど。相島（福岡県新宮町）がそれに次ぐ。

牛窓には、疕神社への奉納芸として唐子踊りがある。兵庫で通信使の小童《しょうどう》（独身青年）の踊りをみて、取り入れたのが起源となった。これを継承する柴田清志さん、奥村隆幸さんらを紹介され、長く付き合いが続いた。

「朝鮮馬場」という小さな祠をご存知だろうか。虚ろ舟という、高貴な女性を乗せた舟が岸辺りに漂着した。秀吉の朝鮮侵略の戦火を逃れてたどり着いたものという伝説がある。これを看病したのが、牛窓町長を務めた東原和郎さんの先祖。看病の甲斐なく亡くなったもので、祠をたてて慰霊を絶やすことなく続けている。

牛窓の唐子踊りは、縁地連の行事に欠かせない芸能となり、度々招待して演じてもらった。

通信使ゆかりの町は、平成の大合併に飲み込まれてしまった。牛窓町は瀬戸内市となり、高月町は長浜市となるなど、小さな町ゆえの悲哀を味わった。それが、町の伝統文化を衰退させる原因にもなる危険性があるのではないか。それを私は心配した。

「東アジアに開かれた湖北の町」

高月町雨森地区は、雨森芳洲の出身地。秀吉に一族を殺されたため、芳洲は秀吉に批判的である。その町が、秀吉が楽市楽座で賑わいを作りだした商人の街・長浜市と合併した。歴史的に因縁の悪い高月町と長浜市の合併は、意外性というほかない。

高月町に行くと、町長で芳洲会会長の北村又郎さんのお世話になり、東アジア交流ハウス雨森芳洲庵で長く館長を務めた平井茂彦さんとも歓談した。平井さんとは30数年の親交があり、対馬へも度々来てくれた。

高月町が「東アジアに開かれた湖北の町」をキャッチフレーズにするのは、芳洲精神の現れである。東アジア交流ハウスには、韓国から若者が盛んに訪れ、ホームステイしながら、地元の若者と

東アジア交流ハウス雨森芳洲庵で、福岡の一行を迎えた館長の平井茂彦氏（後列、右から４人目）

交流し、親交を深めている。このことを聞き、いつも心温まる思いがする。

高月町と対馬・厳原町は、雨森芳洲を通じて、雨森区と日吉区が姉妹縁組をして交流を行っている。日吉区にある長寿院に芳洲の墓があるのが縁となった。日吉区は通信使が縁となり、牛窓（現、瀬戸内市）の紺浦地区とも姉妹縁組している。

通信使の史跡が乏しい相島

江戸時代、朝鮮通信使は海路、対馬、壱岐を経由して、相島に入港する。現在、新宮町の領域である。ここで福岡藩は、雄藩らしい豪華なもてなしを行い、通信使を驚かせた。１７１９年の第９次通信使の場合、天候が荒れ模様で、23日間、相島滞在を余儀なくされた。その間、福岡藩は饗応膳をしっかり提供したため、製述官の申維翰《シンユハン》は藩の財政事情に思いを馳せたほどである。彼の書いた日本使行録『海游録』には、こうある。

これがいずれも、民間から聚斂《じゅうかん》したものでなく、公よりの支弁である。経費の鉅万《きょまん》なること、その国力の富饒《ふじょう》なることが知られる。

汐待ち・風待ちで相島に足止めになった申維翰は、相島を散策して、島の在りようと自然に魅せられ、「神仙境」といって称えた。

相島に通信使の遺構は皆無である。一行の宿泊先となった御茶屋は常設ではなく、作っては壊されているので、当時の賑わいを知る手がかりはない。ユネスコ記憶遺産に登録された黒田藩の文書を通じて、文化人の交わりを知る程度である。

その唱和した漢詩文が九州大に竹田文庫として伝わる。その研究に携わる石川泰成・九州産業大教授が釜山の朝鮮通信使学会に招かれ、発表している。

現在、通信使が宿泊した御茶屋跡に、通信使来島を刻んだ石碑と岩国藩士が描いた藍島絵図の看板が立った。元新宮町町議の篠崎寅喜さんが資金を投じてつくったもの。さらに2017年10月には、渡船の発着する岸辺に「朝鮮通信使之島」という石碑が立った。神宮寺の中澤慶輝住職が資金を出して出来た石碑で、私が依頼を受けて揮毫した。

相島には、通信使に関する史跡がないため、この二つが来島者に江戸時代の賑わいを伝えるシンボルとなっている。

神宮寺に立ち寄ることも勧めたい。通信使に関する資料や書籍を収集・展示して、通信使と相島の歴史を伝える拠点となっているからだ。近年、中澤住職も加わる「相島歴史の会」が通信使を中心に地域史を詳細に調査して、冊子にまとめている。貴重な歴史ガイド本である。手に取って、ご覧いただきたい。

瀬戸内の港町に通信使史跡多く

通信使は瀬戸内海に入ると、寄港先が風光明媚な場所だけに、心を和ませている。通信使に関する史跡が多いのは上関、下蒲刈、鞆の浦、牛窓である。

「わが町には通信使が来航しました」

こう自慢できるだけの史跡と、交流の証しとなる書画が多く残っている。これほどの史跡が韓国に伝わるかといえば、そうではない。日本に比べて、随分見劣りがする。そのため、世界遺産登録を、文化遺産よりは記憶遺産で、という形に修正したことを思い出す。

瀬戸内の史跡と書画を見ていると、港町での心の交流は、風待ち・汐待ちもあって、ともに濃厚である。下蒲刈の御馳走一番館が所蔵する「朝鮮人来朝覚　備前御馳走船行列図」絵巻を見ると、通信使船を迎え入れるとき、送り出すとき、いろいろなドラマがあったことが分かる。

30年間、縁地連の理事長をやって、瀬戸内の通信使ゆかりの町の変化も見せてもらった。平成の大合併とは別に、上関では中国電力が固執する原発立地計画で、町が推進派と反対派に二分され、それが通信使関係者も巻き込んでいた。近年、中間貯蔵施設建設の調査受け入れを巡り、政争が絶えないと聞いている。

鞆の浦では、歴史地区に開発の波が押し寄せ、これを進めようとする市政にストップをかける裁判闘争にまで発展していた。もちろん、通信使関係者は歴史地区を守ろうとする側に立っていた。のちに裁判に勝訴して歴史地区が守られたが、ここでも市民感情が二つに割れる波紋が尾を引いていた。

世界的な観光都市・日光

縁地連に自治体として会員登録されている日光市。世界的に知られる観光のまちで、日光東照宮は世界文化遺産に指定され、海外からの観光客も多い。

その日光で、縁地連の全国交流会が開催できないかと、かつて会員から質問されたことがあった。

その気持ちは、よくわかった。秀吉の蛮行で断絶した国交を修復し、通信使の往来が始まるきっかけを作ったのが家康公である。日光東照宮は徳川将軍家の霊廟であるからだ。

２００７年、世界記憶遺産に登録された通信使に関する資料のなかには、日光の史料（文化財）も入っている。

ここで、通信使一行が、3代将軍家光の要請で訪れた日光東照宮について、その歴史を見てみたい。

１６１６（元和２）年、江戸幕府初代将軍・家康公が死去すると、遺言により一時は久能山に埋葬され、翌年の１６１７（元和３）年に日光に改葬された。さらに１６１８年には、朝廷から東照大権現の称号と正一位を与えられて東照社と称し、１６４５（正保２）年に宮号を賜り、日光東照宮と改称している。

通信使は第4次から計3回（１６３６年、１６４３年、１６５５年）、日光に行った。国書改ざん事件の裁きが下された後、朝鮮外交を担う対馬藩主・宗義成の外交手腕を試すような形で、日光参拝が提案された。ときの将軍家光の発案である。

その狙いは、荘厳華麗な東照社への正式参拝によって、日光山の聖地化を一層進め、武家諸法度や参勤交代制度など大名統制を強固にし、政治的な効果を最大限に演出しようという点にあった。

初の日光行きは、朝鮮国王の許可がない外国の寺社参拝ということで遊覧と位置づけられた。2回目、3回目は正式の参拝となった。

１６４３（寛永20）年の通信使は、日光山東照社参拝と銅鐘・三具足献納を主とした。どのような形で家康廟を参拝するのか。心配になった宗義成の質問に、正使は「国王はすでに祭祀を行うことを許している。礼拝は自ずから条文があるので、不届きはない。心配しないで」と答えた。しかし、正使の東照社での礼は、四拝の最高拝礼ではなかった。

江戸城で正使は四拝を行ったが、それは将軍家光に対してではなく、朝鮮国王の国書に向かっての行為である。依然、細かいところで日朝の思惑に隔たりがあった。通信使が国書をいかに大切に扱ったか。江戸へ向かう道中、常に中央を行く正使の目の前に龍亭子（4人で担ぐ国書を納めて持ち運ぶ専用の箱）を歩かせ、日光道中でも国王親筆の持ち運びを日光山門跡にしか託さなかった。

日光東照宮にある銅鐘は、日朝友好の鐘である。陽明門に向かって右側の鐘楼の前方にある。朝鮮王朝が釜山で鋳造した。朝鮮鐘は、天辺の竜頭に小さい穴があることから、虫喰い鐘といわれる。通信使が進物したこの鐘は鋳造するとき、銅が不足したため対馬からわざわざ仕入れている。また、それを江戸まで運ぶため、専用の船まで手当てした。

通信使の日光詣では、歴史作家・荒山徹氏がそれを題材に『魔岩伝説』という小説を書いている。興味深い作品である。

境内は輪王寺本坊、大猷院廟、二荒山神社などと共に「日光山内」として国指定史跡に指定され、「日光の社寺」として世界遺産に登録され、観光都市として輝きを増した。

さらに2007年10月末、朝鮮通信使の世界記憶遺産登録で、朝鮮国王（第17代）孝宗《ヒョジョン》親筆額字、『東照社縁起』（仮名本、5巻のうち第4巻）、『東照社縁起』（真名本、3巻のうち中巻）という史料が加わり、日光市のお宝に加わっている。

白山市の宝、千代女の俳句

白山市（石川県）が縁地連に入会したことがある。ユネスコ「世界の記憶」遺産登録運動の渦中であった。白山市は、江戸期の俳人、加賀千代女《かがのちよじょ》の出身地で、記念館もある。「朝顔やつるべとられてもらひ水」で広く知られる千代女は、朝鮮通信使にゆかりのある俳人である。加賀藩の10代藩主の前田重教《まえだしげみち》が、1763年に来日する第11次の通信使に、俳句を贈ることを思いつき、千代女に筆跡を準備するように命じたことによる。

命を受けた千代女は、心を尽くして俳句を一句ずつ書き入れた掛け軸6幅と扇子15本を、その年の8月に加賀藩に差し出した。命じられた俳句は、千代女が一生をかけて作ってきた俳句の中から、彼女自身が直接選んだものである。

献上句は「福わらや塵さへ今朝のうつくしさ」にはじまり、「降さしてまた幾所か初しくれ」までの21句である。現在、白山市には献上句碑が立っている。

朝鮮通信使に、当時の大衆詩であった俳句を贈りものとして献上したのは、俳句による国際交流の嚆矢となった。千代女が61歳のときであった。

日朝の間を通信使が往来して、約150年の歳月が過ぎ、通信使の一行の中には、日本の庶民文学である俳句を理解し、楽しめる人が存在していたことを意味する。実際に、通信使の通訳官であった趙景安《チョウキョンアン》が扇子に書いた俳句が今日、残っている。

千代女は、どのような女性だったのか。彼女は1703年、加賀国松任（今の白山市）で、表具師福増屋六兵衛の娘として生まれた。幼少期から俳諧をたしなみ、12歳の頃、北潟屋主人であり、俳人の岸弥左衛門の弟子となった。

17歳の頃、千代女に幸運が訪れる。諸国行脚中の各務支考《かがみしこう》との出会いである。地元入りした支考の宿に赴き、「弟子にさせてください」と頼むと、「さらば」と支考はホトトギスを題にした句作を課題として出した。

これに応えて創り出されたのが「ほととぎす郭公《ほととぎす》とて明にけり」である。千代女は俳句を夜通し考え、言い続けた末に、この一句を生み出した。これを見た支考が千代女の才能を認めたことで、彼女の名は一気に全国に広まった。

縁地連に入会した白山市は、千代女の俳句がユネスコ登録の申請リストから外れたことで、脱会した。関係者には悔いが残ったことだろう。私もそうである。

2 通信使を広める情熱家たち

朝鮮通信使を広めようと努力した人たちの話である。それは人形であり、ウオーク、行列再現といった三題噺となる。

陶器製の通信使人形

九州国立博物館に、陶器製の朝鮮通信使人形がある。全部で約50体。並べると、通信使行列の姿が蘇るようになっている。製作者は、縁地連に加盟する「新宮チェビの会」の松﨑直子さん（福岡県古賀市在住）。朝鮮半島の東海に面した江原道で生まれ育ち、日本の敗戦で苦労の末、家族と引き揚げてきた。釜山から漁船に乗って対馬へ。妹さんの体調が悪く、引き揚げ船・珠丸に乗船できなかった。これが運命を分けた。珠丸は壱岐・勝本沖で機雷に触れて爆沈したからである。700人以上が亡くなっている。

江原道を「7歳までの短い期間とはいえ、私にとってかけがえのない〝故郷〟」という松﨑さんは、ご主人ともども学校教論を長く勤め、定年まじかに通信使の歴史を知った。そ

陶器製の通信使人形を作った松﨑直子さん

の後、ご主人と共に通信使を通じて日韓交流にかかわってきた。人形は、その思いを形にしたものであった。

この人形を見て、私は対馬にもぜひ通信使行列の人形が欲しいと思い、松﨑さんに依頼した。「通信使が日本に最初の一歩を踏み入れた対馬なので」といって。

江戸時代、通信使が来日する度に、朝鮮ブームが捲き起こった。異国情緒あふれる使節の出で立ち、楽の音を奏でながら進む行列を見た人たちが地域に帰り、その様子を地元の人たちに伝えたことで、人形が生まれた。人形製作は、通信使が通った沿道の町から離れた、北は青森まで広がっている。朝鮮ブームがいかに遠路まで及んでいたか、人形を通して知ることができる。

松﨑さんは、通信使の史料を集め、時代装束を丁寧に探り、絵図や屏風から行列の体型や仕草をしっかり観察して、一体一体、時間をかけて作り上げた。

通信使人形には、陶器製がないため、松﨑さんの作りだした通信使人形は大変珍しく、貴重であった。出来上がるまでの苦闘を、私は後で知った。2年ほどかかって50体の人形を完成させるが、仕上がる頃、御主人が癌で入院し、ついには他界してしまった。その後、悲嘆にくれた松﨑さんは、人形の付属品（人形の帽子や昇龍旗、輿や駕籠など）をつくる、最後の詰めの作業に力が入らず放置していた。数年を経て、私が「人形は出来たでしょうか」と請求したところ、松﨑さんは我に帰り、また製作に向かわれたそうである。

「夫の助言を受けながら作ったこの人形は、私にとっては上出来」

松﨑さんのこの言葉には、ご夫婦で作り上げた思い出の品というニュアンスを感じる。50体の人形は、現在、対馬の朝鮮通信使歴史館に常設展示されており、見学者には当時の朝鮮ブームの一端を知る手がかりとなっている。

21世紀の朝鮮通信使ウオークの会

２０１５年４月１日付の新聞に、「朝鮮通信使日韓友情ウオーク」の新聞記事が小さく載せられていた。

朝鮮通信使の道のりをたどる

【ソウル共同】江戸時代に朝鮮王朝が日本に送った外交使節「朝鮮通信使」がたどった足跡を日韓の市民が歩くイベント「21世紀の朝鮮通信使　日韓友情ウオーク」が1日、ソウル中心部の朝鮮時代の王宮、景福宮前からスタートした。（西日本新聞より）

私ども縁地連が誇りにしている会員の有志による活動である。今回は、第5回目の節目のウオーク。日韓国交正常化50周年ということもあり、ユネスコ記憶遺産登録へ最大のヤマ場を迎える中での事業でもある。ソウルから東京まで約１２００キロの全行程を、幟を掲げて歩きながら、道中、日韓合同で行っているユネスコ世界記憶遺産登録申請の運動もＰＲすると聞いている。

朝鮮通信使のユネスコ登録祈願を込めて、友情ウオーク遠藤靖夫会長に幟を託す

歩く有志たちの士気も高いようである。この事業には、毎回のように遠藤靖夫会長から「一緒に歩いてほしい」というお誘いがある。しかし、多忙を極める今の状態では、53日間も参加するのは到底かなわない。しかし、いつの日か、同志たちと一緒になって朝鮮通信使が歩んだ道を、手をつないで歩きたいと思う。

コロナで第8次ウオーク（2021年）を中止した通信使ウオークは、2023年に歩みを再開した。4月1日、ソウルを出発した一行を、4月23日、対馬で迎えたが、幟には「世界に平和を！」の標語が大書されていた。ウクライナへ侵攻したロシアへの抗議である。

遠藤さんの話では、タイトル幟を掲げるのは、第5次（2015年）、第6次（2017年）のユネスコ「世界の記憶」登録運動以来、6年ぶりという。平和の使節・朝鮮通信使の精神に通じる魂のこもった幟の標語だった。これに私は感動した。

博多どんたくに、通信使行列を

毎年5月のゴールデンウィーク中、日本国内で最も多くの観光客を集めるのが、「博多どんたく」である。200万人を超える。ここで、朝鮮通信使行列を行えば、さぞかし人気を集めるのではないか。日韓友好を演出する催しとして、効果が大きい。

韓国の駐日大使館から駐福岡韓国総領事に転任した李熙燮氏に招かれて公邸でお話をしたとき、総領事から「私は朝鮮通信使が好きなので何か協力したい」という話があった。そこで私は「博多どんたくで、通信使行列をするのは如何ですか」という提案をして、快諾されたことがあった。

日韓国交正常化50周年の2015年、東京の駐日大使館で公使だった李熙燮氏は、ソウルから東京まで自転車隊による朝鮮通信使を韓国の大手新聞社（朝鮮日報）と組んで実施した。それ以来、通信使への思い入れが強い。

福岡には、福岡対馬人会があり、須川達矢会長、松村徹也事務局長に、その話をしたところ、大変前向きで、「やりましょう」となった。

5月のゴールデンウィークには博多どんたくと前後して、釜山では朝鮮通信使祭りがあり、そのメーンイベント・通信使行列に、対馬から毎年約50人が派遣されている。行列に武士団として参加するのは、20人ぐらい。博多どんたくで100人規模の行列を組むとしても、福岡対馬人会で十分対応できると思った。

ましてや、福岡市と釜山市は姉妹縁組をして以来、市民の相互往来も活発である。産学の連係による福岡―釜山フォーラムで両市の友好・交流を深める通信使が取りあげられている。

「どんたくで、通信使行列を」の掛け声が高まる一方である。

早ければ、2025年の博多どんたくに、通信使行列が登場する。そのとき、主催者・福岡対馬人会が中心となって、福岡市民や在日コリアン、福岡在住の韓国人を巻き込んで、日韓友好の風を吹き込んでもらいたい。

奨励者の李熙燮氏は、2022年6月末で離任してソウルに帰国されている。その李熙燮氏をもう一度福岡に呼び戻し、博多どんたく・通信使行列の正使役にしたい、というのが私の夢である。

福岡対馬人会は50年前、私と郷土史研究家の梅野初平さん、実業家の堀部周二さんの3人が発起人となって設立した。当時、福岡には対馬出身者が8～10万人いたが、長崎県人会、壱岐人会はあっても対馬会はなかった。郷土愛でつないで親睦を深め、郷土に貢献できる対馬人会をつくりたいと立ち揚げた。そのとき、梅野さんがいった言葉が忘れられない。

対馬藩主が、対州公といわれた時代がある。州は国を表す。対馬は国であって、独立国である。対馬人が抱いていたその自負と気概を心に刻みたいですね。

設立された福岡対馬人会には会員が立ち寄れる事務所がなかったが、財部能成《たからべやすなり》市長のとき、福岡市内に対馬事務所が開設され、そこに福岡対馬人会の事務所が入った。島外にいる対馬出身者が、郷里を見つめて、郷里の発展を願っていることを忘れてはいけない。

十一、国境の島・対馬の役割とは

魏志倭人伝のなかに、「対馬国は、山険しく、森林多く、良田はない。海のものを食らって自活し、船に乗って南北に市擢する」とある。古くから、自給自足のできない対馬は、南は日本列島、北は朝鮮半島と交易や交流を続けてきた。南北交易こそが対馬の命運を左右する。

対馬を経由して、大陸の文物は日本に入った。江戸時代、それに先立つ室町時代にも朝鮮通信使があり、対馬は両国の間をとりもつ外交を家役として受け持った。

その間、交隣を引き裂いた秀吉の蛮行で、日朝の国交は断絶し、命の綱であった貿易も途切れた。これが徳川家康によって回復するまでの16年間、対馬は財政的に厳しくなり、島民は飢えに苦しんだ。

この難局から脱出しようと、対馬藩は和平工作に奔走した。徳川将軍の国書を偽造して、講和を急いだ。朝鮮を説得できるまで相当な犠牲を払い、やっと国交が修復され、朝鮮通信使が往来する友好・平和な時代を迎える。

交易・交流によって培われた対馬藩の外交手腕を認めた家康は、家役として対朝鮮外交を一任した。鎖国の世といわれる江戸時代、通信の国として、朝鮮とは正式に国交を結んでいたのである。

江戸時代、朝鮮通信使は12回来日し、両国の友好・平和に貢献した。しかし、15代将軍・慶喜の時代、薩長連合軍によって幕府は崩壊して、明治維新の世となる。

明治政府は近代化の道を急ピッチに進め、その果てには朝鮮支配を画策する。日朝の懸け橋になった対馬は、一転して国防の島に位置づけられる。対馬の対朝鮮外交権も中央政府に奪われた。

対馬は現在、過疎化が進む一方である、その中で、対馬の存在意義はどこにあるのか、を考えてきた。国境に面した対馬は、わが国の国防最前線にあり、排他的経済水域を大きく張り出せるのも有人の島・対馬があるからだ。国防と漁業専管水域を抱えるがために、対馬の観光開発には、それなりの規制の網がかけられた。広域の国定公園化も、それを表している。対馬初代市長・松村良幸氏は、国定公園が足枷《あしかせ》になって、開発が進まないと嘆いていた。

対馬を、国はどう変えるのか。「産経新聞」が「対馬が危ない」というキャンペーンを2008年10月21日から始めた。1面トップの見出しに「韓国　不動産相次ぎ買収」とある。

韓国人観光客の来島が、増え続けていたこのとき、美津島町竹敷にある国の防衛施設のわきに、韓国系リゾートホテルができたこともあって、国防に対して島民感情を刺激した。対馬の国際性を考えれば、歓迎すべきところ、韓国系企業が土地買収に走る点を非難するというキャンペーンであった。維新の国会議員が視察にも来た。

島民にとって、「ありがた迷惑、要らぬおせっかい」にしか過ぎなかった。対馬経済を潤す韓国人観光客の来島が増えて、何が悪いという思いだった。難癖をつけるのならば、国が国境の島をどう位置付け、整備するのか、ということを真剣に議論してほしいという空気が濃厚だった。

行政関係者も、そう思ったにちがいない。しかし、このチャンスも生かせなかった。中央集権的な見方を振り回す国会議員も情けない。国があいまいな姿勢を取り続けたことも混乱を招いた。10年、20年先のビジョンなど出て来ることはなかった。

ここで我々が思い知ったのは、対馬の今後の在り方は、国任せにするのではなく、「これからこうしたい」と島民も自主的に考え、話し合い、意見を主張することが大切であることを知った。しかし、ぬるま湯につかったような体質は改まらない。かつて、立法化した離島振興法を生かせなかった、同じ轍を踏んでいる。それは、これをバネにして、対馬の将来を島民の力で変えていくという主体性が芽生えないことにある。

いま、台湾有事を想定して、与那国など先島の軍事基地化が目に見える形で進んでいる。「平和な島が壊される」と、島民のなかには反発する人もいる。

先島の事案を見る限り、国の担当部局が定期的に国境の島を回り、島民の考えを聞くフォーラムのようなしくみがあっていいのではないか。

1 永留久恵氏の教えから

永留久恵先生は「私は歴史家でもない、郷土史家でもない。科学として、郷土の歴史を研究している」とよく言っていた。生半可なことを嫌う先生の信念がうかがえた。

先生の研究は古代、考古学から起こされ、近現代にまで至る、息の長い研究活動であった。歴史学者と考古学者を比較すると、主観が入るのが歴史学者、客観性を重んじるのが考古学者と論じた。晩年、出版された全3巻の大著『対馬国志』（交隣舎出版企画）を見ると、対馬に対する愛着が感じられるし、先生の歴史観が脈打っていた。「歴史から何を学び、どうつないでいくか」。それが書名の「国志」となったのではないか。対馬の、単なる通史を超えた先生の遺言のような書となった。

恩師永留久恵（中央）、小島武博（左端）両氏と長崎市で＝2018年11月

私は島起こしのためにも、歴史を知らなければと思い、先生と飲み食い談義を重ねて学ばせていただき、その付き合いを長く続けた。

「対馬をどうするか」。私が経済の話をし、先生は歴史の話を通して論じた。先生は、「海に向かって島を開いたとき、国際性を獲得でき、対馬は発展する。逆に海を生かさず閉じると、暗黒の時代になる」と度々言われていた。その通りだと思う。

アジの開きが大好物の先生は、ご機嫌だと眉を八の字にして笑い、膝をたたくのが癖のようであった。

１９９２年、対馬芳洲会を組織したとき、永留先生に会長をお願いした。それから先生の通信使研究が本格化し、西日本人物誌シリーズの１冊として『雨森芳洲』（西日本新聞社）を出版した。日韓交流に大きな指針を投げかけた著作として注目されたし、西日本文化賞受賞（１９９６年）にも結びついた。

縁地連の全国大会があると、必ず先生に声を掛け、ご一緒した。先生の笑みを見ると、その場の雰囲気が和み、暖かくなるのが不思議だった。永留先生を「対馬の宝だ」と私は常々思い、「対馬のためにも長生きを」と願った。

「対馬の春は悲しい」と永留先生が嘆く。なぜか。若鮎のような高校生が、対馬から旅立ち、本土へ出ていく姿が目に付く頃であるからだ。

若者のなかから、「対馬に戻って、対馬を背負って立つような気概のある人物がでてほしい」。そのような先生の思いにこたえる若者は、なかなか現れない。

「永留先生は講演のなかで、松原さん、あなたの名をだして、『松原社長に続け』と呼び掛けていましたよ」という話を、親しい仲間からときどき聞いた。

離島振興はどうあるべきか。その根本には人材育成があってしかるべきである。それを長崎県も深刻に受け止めていたのであろう。あるとき県の「人生の達人セミナー」に私は抜擢された。対馬の高校３校に出向き、講演をしたが、教職員、生徒並びに保護者までも参加して、私の講演を熱心に聴いてくれた。

私は対馬の先輩として、目標・志・夢を持って働くこと、愛と誇りをもって郷土のために尽くす姿勢の大切さを強調した。その気持ちが伝わったのか、講演を聞いた生徒の感想は概してよかった。

永留先生との夜なべ談義で、対馬の歴史を通して、「先人の苦闘の跡」「善隣友好」「交流」「国際性」など多くを学んだ。一番大きかったのは、対馬人としての気概である。

70歳を過ぎてから、永留先生は縁地連の舞台に立ち、「同志」として私たちと歩いてくれた。ご家族からは「父がおかげで……」と喜ばれたたし、対馬に国内外から要人が来ると、永留先生に声がかかった。韓国の金鍾泌《キムジョンピル》元国務総理が来島し、雨森芳洲の墓参りに訪れたときも、先生は説明役としてご一緒された。

1990年に来日して、宮中晩餐会で雨森芳洲を称えてくれた盧泰愚大統領に、青瓦台で会ったのが永留久恵先生である。「人生で一番誇れる出来事」という永留先生は、短時間の会見が50分に及び、「あなたたちのような歴史家に学ばなければならない」といった盧大統領の言葉に感銘を受けたと話していた。

永留先生との付き合いを通じて、「知・情・意」ついて考えさせられた。混迷した時代には、これを改めて問い直す必要があるのではないか。

これを言っているのが、社会学者の沖浦和光《かずてる》氏（桃山学院大学名誉教授）である。五木寛之氏との対談『辺界の耀き』（ちくま文庫）のなかで、こう言っている。

ほんとの「知」をわれわれは獲得しているのかどうか。この乾き切ったカサカサした世の中で、もう一度「情」の持つ根本意義を見直す必要がある。その原義は「心で感じること」です。「意」は意味でもあり、意志にも通じますよね。一体何を伝えようとしているのか。

この言葉は、五木寛之氏の「歴史にしても、文化にしても、真実を知ることから、毎日の生きていく上での姿勢が変わってくる」を受けて発せられている。

2 対馬朝鮮通信使歴史館オープン

２０２１年10月、通信使本家・対馬に「求心力ある施設がやっとできた」。そんな思いで、完成した朝鮮通信使歴史館のオープニングセレモニーに臨んだ。通信使がユネスコ「世界の記憶」遺産に登録されたのを受けて、その全貌を伝えられるよう、本物の史料とレプリカをうまく交えて展開している。入口に通信使の歴史を発掘し、各地の地域起こしに貢献された辛基秀先生の功績を紹介する大きなパネルがある。それを見て、見学者は展示会場に入る。

オープニングセレモニーには、故辛基秀先生の次女・理華さんが駆け付け、花を添えた。

通信使の先進地あちこちに

辛基秀先生の通信使コレクションに刺激され、私が収集した「馬上才図巻」（18世紀、広渡雪之進筆、対馬市指定文化財）をはじめとする史料が陳列されている。それを理華さんに説明しながら、脳裡をかすめるのは、ここに至る長い道のりである。ユネスコ世界記憶遺産登録運動とともに、私には苦難の道であった。

１９９５年11月、朝鮮通信使縁地連絡協議会は結成される。それに向けて、各地を行脚していると き、驚いたことがある。

通信使の先進地があちこちにあったことである。通信使の資料館を牛窓（岡山県瀬戸内市）、下蒲刈島（広島県呉市）はすでに設置していた。牛窓は海遊文化館、下蒲刈島は御馳走一番館と命名していた。

さらに鞆の浦という名勝をかかえる福山市（広島県）は通信使船復元まで考えていた。

縁地連をつくっていく過程で、これらの先進地を前に、対馬にこれと対抗できる、誇れる施設があるかどうか、と考えてしまった。県の施設である対馬民俗歴史資料館は、宗家文書の倉庫のようなもの。対馬が通信使の本家といわれる限りは、求心力のある施設があってしかるべきである。

その頃から「朝鮮通信使資料館がほしい」「ぜひ作ってもらいたい」という声があがった。文化行政に力を入れる渕上清・厳原町長時代だからこそ、期待も膨らんだ。渕上町長は、朝鮮通信使・雨森芳洲など日韓関係史に関心をもち、釜山との国際交流に力を入れる町長であった。

通信使の縁地を回る度に、アドバイスを頂いていた通信使研究家の辛基秀先生と大阪でお会いして、収集されたコレクションの話を聞いたのがきっかけで、私も史料の収集活動を始めた。掘り出し物を探してくれた愛好家やギャラリーオーナーなどの紹介によって、20年余りで90点近い史料を買い取った。

対馬博物館の別館として

そこに対馬博物館の構想が浮上した。私のコレクション展示に相応しいと思い、「コーナーをつくってほしい」と担当部署に話を持ち掛けたが、県と共有の博物館であり、「通信使を展示する場所はない」と一蹴された。

博物館建設に大きな負担を抱える対馬市に、通信使資料館を建設する余裕はないと思った私は「それなら、自分でやるしかない」と、売り物件のなかから市内中心部にある2階建て木造住宅（約

160坪、7部屋）を購入した。当時の博物館建設室長に相談して、陳列の見取り図も描いてもらった。私が急いだ理由は、史料の劣化である。茶箱に入れっぱなしなことが正直、気になっていたからである。

ところが、この構想を知った対馬市幹部が、対馬博物館の別館として通信使歴史館を市独自でつくりたいと、既存の建物を物色していると聞き及んだ。コレクターの私が個人的に資料館をつくったとなれば、対馬市の面子がたたないのかと思った。この急転直下の展開に、私は腹立たしく、また情けない思いがした。なぜ、最初から対馬市が誠意を示し、お互い納得のいく交渉に乗り出さなかったのか。私は無駄足を踏んだ、忸怩たる思いがあった。

ともあれ朝鮮通信使歴史館の完成で、やっと「通信使本家としての拠点」が姿を現したことで、長年背負っていた大きな課題から私は解放され、ほっとした。

釜山と対馬にある通信使歴史館同士が姉妹提携を結び、その記念として入口にその意義を刻んだ記念碑を建てようという話が既にまとまっている。

館のお宝、通信使船20分の1模型

対馬朝鮮通信使歴史館には、館のお宝（目玉）がある。木浦《モッポ》で復元された朝鮮通信使船の20分の1の模型である。製作者は、釜山在住の古代船研究者・金南秀《キムナムス》さん。全長170㎝、幅60㎝。実物の建造船と同様に、金剛松と呼ばれる高品質の松を使用している。正使船を示す「正」の旗を再現し、居室の扉なども開閉できる、精巧な造りである。

朝鮮通信使の歴史を紹介するとき、通信使人形（松﨑直子さん製作）とともに、目で見てすぐ感じられる、通信使歴史館の目玉になってくれることを期待している。

この通信使船模型は私にとって思い出深い。

通信使船が木浦で復元されているという新聞記事を見て、さっそく木浦の国立海洋文化財研究所を訪問した。建造中の現場を見学した私は、所長室に入り、驚いた。20分の1の模型船が展示されていたからだ。これこそが私が永年、手に入れたいと願っていた模型船であった。さっそく、その旨を話し、「もう一隻、同じ模型船を製作してほしい」とお願いすると、所長は快諾された。

復元船は江戸時代、釜山から大坂までも往復した6隻の通信使船のなかの一つ、正使船である。全長34・5m、全幅9・3m。そのモデルは1764年（第11次）と1811年（第12次）の船であった。

2017年10月、木浦で建造されていた朝鮮通信使船が進水している。

松原一征コレクションを展示する対馬朝鮮通信使歴史館

図録完成。資料収集に込めた思いとは

『図録　松原一征コレクションの世界』（A4判63ページ）が2023年12月末に完成した。刷り上がったばかりの図録を

「馬上才図巻」の一部「馬上立押扇」＝『図録 松原一征コレクションの世界』より（対馬朝鮮通信使歴史館所蔵）

見て、感慨深いものがあった。仲尾宏先生から「これは逸品。ぜひ購入を」と勧められた広渡雪之進が描いた「馬上才図巻」。長浜市の芳洲会が所蔵する「雨森芳洲肖像」二幅（重要文化財、ユネスコ「世界の遺産」登録）と同じ作者の作品。これは近年発見された新出資料として、価値があるように聞く。

この図録を執筆・編集していただいた町田一仁氏（対馬博物館館長、対馬朝鮮通信使歴史館館長）には、心から感謝したい。

松原コレクションの資料は、実物は42件50点。ほかに複製資料7件7点、模型2件2点（朝鮮通信使船模型、草梁倭館模型）があり、総数にして51件59点で構成されている。加えて研究資料として雨森芳洲関係資料などの複写27件28点もある。以上は、同館に寄託したものである。

図録を見てもらえば、「雨森芳洲に欽慕する松原氏の想いがコレクションから伝わる」と町田館長が指摘するように、芳洲関係資料が際立っていることが分かる。

私がなぜ、通信使関係資料の収集に情熱を傾けたのか。図録「刊行のことば」に2点あげた。

一つ目は、「通信使本家を自称する対馬では、通信使関係のイベントは実施するものの、資料の所在調査や収集などを行っていない」現状があった。

二つ目は、「宗家文書流出事件」。宗家の子孫が県立対馬民俗資料館に寄託していた〝対馬の宝〟が島外へ大量流出した。「返還と今後の保存管理を訴える活動を行った苦い思い出」が誘引となった。

対馬には本来、日朝関係史の中で、幾多の国宝級の文化財が存在したが、それが残念ながら島内に残っていない。対馬にあるべき資料が、なぜ対馬に残っていないのか。

通信使顕彰活動を通して気づいた、この素朴な疑問から、対馬ゆかりの通信使の資料収集が始まったことを図録に記した。

十二、「誠信交隣」日韓の礎に

1　韓国で朝鮮通信使船を復元へ

2017年1月5日、「西日本新聞」（夕刊）1面に「朝鮮通信使船　再び」「韓国建造計画、日本へ航行も」という見出しの記事。韓国・全羅南道の木浦の国立海洋文化財研究所で朝鮮通信使船（正使船）建造に向けて準備中、とソウル発共同電が伝えていた。「これは、すごいことだ」と目をむいた。読むと、建造の目的は「朝鮮通信使による善隣外交の精神を実際の航行で再現したい」とある。

往時再現!!　大阪港までの航海想定

新聞によると、建造費は、韓国文化庁から2億3000万円の国費が充てられている。建造主体は国である。これは、すごいことだと私は思った。

日韓関係は、2015年末に従軍慰安婦問題で劇的に合意したものの、依然として歴史認識問題、領土問題がくすぶっている。そのような難しい時期に、通信使船建造の国費を承認したのは、朴槿恵《パククネ》大統領だと推測した。安倍政権とは一貫して厳しい姿勢で臨んでいたが、平和な二国間関係を構築する熱意も燃やし続けていたと思う。

新聞を読んで、私の心は木浦へ飛んだ。韓国人社員の朴完燮《パクワンソプ》君を通訳に同行し、釜山経由で木浦を目指した。

木浦は日本と馴染が深い。大韓帝国時代には朝鮮人に陸地綿と塩田の作り方を教えた外交官・若松兎三郎が領事館にいたし、次の植民地時代には、孤児３０００人を育てた田内千鶴子さんの共生園が現在にまで存続している。当時、多くの日本人が住んだ証しとして、日本人街が伝わる。親睦組織の日本人会をつくって交流していた。

朴君運転の車で、約2時間30分。木浦の国立海洋文化財研究所に到着すると、所長、李恩碩《イウンソク》課長、洪《ホン》淳在《スンジェ》学芸研究士が快く対応してくれた。

通信使船の建造状況を説明してくれたのは学芸研究士の洪淳在さんで、古代船の研究、その設計と建造までかかわるスペシャリストであった。「私は20数年、ここで

韓国・木浦を訪れ、朝鮮通信使船の復元工場を視察。右は洪淳在学芸研究士＝2017年

韓国国立海洋文化財研究所で進む朝鮮通信使船の復元作業

研究活動をしています」と洪さん。これを聞き、この人こそ研究所の主のように思えて来た。

所長室内の正面には、その20分の1の模型がすでに展示されていた。これが実に鮮やかで精巧な作りだった。復元する朝鮮通信使建造船は正使船で、全長34・5m、全幅9・3m。韓国の文献のほか、佐賀県立名護屋城博物館所蔵の「朝鮮通信使正使官船図」など日本側史料も参考に、設計図を描き上げていた。

実は、私は10数年前から通信使の模型船を発注したいと、韓国内を調べていたことがあったが、なかなか史実に即した、納得のいく模型船はなかった。それで、所長室の模型を見た途端、これこそが探し求めていたもの、と納得した私は同じ模型船の製作をお願いした。兄弟船を持ちたいという私の夢を伝えると、彼らは笑顔で答えてくれた。

洪さんの案内で、建造する施設内を見学した。

集積された松材が目に入った。この松は韓国北東部の江原道の金剛山にしかない特別の松である。100年以上も経ったような末口は優に50㎝以上もあろうか。大きくて長く、見るからに丈夫そうな松だった。韓国には、日本と違い杉の木がほとんどない。だから花粉症もない。あるのは松の木である。韓国では松の木は尊い木とされる。木の質が固くて重い。また油もあって、水をはじくので、木帆船に適している。通信使が往来していた江戸時代、このような高品質の金剛松を使って、日本まで荒海を航海するための通信使船を作っていたのか、と当時が偲ばれた。

私が日本の朝鮮通信使の代表であり、国境の島・対馬出身ということもあり、研究所の方々は親しみを感じたのか、夕食を御馳走してくれた。別れに当たり、対馬に興味をもち「一度、対馬に行きたい」という李恩碩、洪淳在両氏に、「歓迎します」と約束した。驚いたことに韓国人は行動が早い。翌2月には、両家族7名が対馬に来島してきたではないか。1泊2日、木浦でのお礼にと、心からおもてなしをし、喜んでもらった。

10月、建造を進めていた通信使船が、いよいよ進水のときを迎えた。進水式には対馬から私を含めて4人、そのほかにも日本各地から縁地連のメンバーも駆けつけていた。

時折、雨も降る悪天だった。挨拶に立った韓国文化財庁の鄭在淑《チョンジェスク》長官は、「朝鮮通信使船の再現は、韓日の友情や共存、共生はもちろん、朝鮮半島と全世界の平和を象徴する媒体として十分に活用されることを期待している」と祝辞を述べた。

その後、乗船して釜山湾内を処女航海した。船足は順調で、乗り心地もよい。船内はミニ朝鮮通信使資料館のようで、工夫した展示がなされていた。

改めて驚いたのは、この通信使船の材料に使った松である。船底では板が3㎝を超える厚みで、頑丈な構造だったことである。この復元船は江戸時代の通信使船同様に、日本の大阪港までの航海を想定して作られたことがうかがえた。

政治に阻まれた対馬行、やっと

木浦で建造された通信使船は、2019年に対馬来航を夢みていた。その間、木浦～釜山間を航海したりして、航海訓練を重ねていた。だが、日韓関係が厳しい状況の中で、対馬航海を断念せざるを得なかった。

その年の夏、李恩碩、洪淳在両氏をはじめ国立海洋文化財研究所の一行が対馬の厳原港まつりにやって来た。私の会社屋上で恒例の歓迎交流会をしたとき、洪さんは、私に抱き着き涙した。よほど悔しかったのであろう。「次は、必ず通信使船で対馬に来ます」と固い約束をした。

2023年8月4日、ついに通信使船が厳原港に入港した。木浦で建造中の様子を見て、釜山で乗ったあの通信使船が、遂に対馬に姿を現したのである。洪淳在さんと固い約束をしてから、なんと長かったことか!!

コロナ禍という逆風も吹いた。それを乗り越え、来るはずだった通信使船がやっと4年ぶりに対馬に姿を現した。歴史からみると、1811年の最後の通信使から212年ぶりの来航である。念願の通信使船が厳原港に入港し、通信使行列も行った。まさに歴史に埋もれていた江戸時代の朝鮮通信使が名実ともに蘇ったかのような気分になった。

着岸した通信使船から降り立った洪淳在さんを責任者とする乗組員たちは、降りるなり岸壁に整列した。そして「無事着きました!! 万歳、万歳!!」と雄叫びを挙げた。これに呼応して、迎える方も万歳の大合唱。

洪さんは、マスコミのインンタビューのなかで、「5年前に誓い合った、松原さんとの約束を果たしたすためにやってきました」と顔を赤らめ元気に言ってくれた。私は洪さんと抱き合い、「よく頑張ってくれた‼　有難う有難う‼」と健闘を称えた。

通信使船は２０２４年、次の寄港地・下関を目指す計画であるという。波止場で、それを聞きながら、将来の夢が大きく膨らんだ幸せなひと時を過ごせた。

２ 歴史の教訓を胸に

通信使は何をもたらしたか

朝鮮通信使は、早くは室町時代にも存在した。朝鮮半島を蹂躙する倭寇を抑えるため、足利幕府に派遣された。その後、豊臣秀吉により突然の朝鮮侵略によって、国交が断絶するが、天下統一を遂げた徳川家康が、国交を修復し、通信使派遣を要請した。ここから日朝の友好と平和をもたらす朝鮮通信使が往来した。

江戸時代、朝鮮通信使は将軍の代替わりの度に来日し、２００余年の間に12回も来日している。徳川将軍と朝鮮国王が交換した国書の中には、「誠信」「信義」という言葉が見られる。それだけでなく、その当時の両国の外交に当たった担当官たちも、「誠信の理念で交わろう」と固く申し合わせていたというから驚きだ。トップから担当窓口に至るまで、その理念や思いが行き届いていたことになる。

まさに、平和を維持する２００年以上も続く持続可能な体制であったわけだ。これは世界史的にも特筆されるべき二国間の共通遺産である。

両国で申し合わせた「誠信」とは、対馬藩の儒学者で、朝鮮外交の実務を担当した雨森芳洲が「互いに欺かず、争わず、真実を以て交わり候を誠信とは申し候」と教えている。

第15代朝鮮国王・光海君《クァンヘグン》も「交隣は、ただ誠信にあり、誠信あらざれば、すなわち両国は不幸なり」と国書に記している。その通りで、歴史は「誠信」の心を忘れたときに悲劇が起こっているからである。その後、明治政府になって、この「誠信」の心は再び忘れ去られた。

「誠信」思想が生まれた経過

「歴史は繰り返す」。よく聞く言葉である。では、これを阻止するためには、何が必要か。逆説的な表現になるが、歴史から教訓を学ぶことである。教訓を学ばなかったから、不幸な歴史が繰り返されることになる。

日韓関係で何が必要か、を常々考える。現場主義であろう。相互往来を盛んにすることと、相手を知ることである。そのとき、思い浮かぶのが、300年前、対馬藩の儒者で、対朝鮮外交に尽くした雨森芳洲の「誠信」思想である。芳洲は釜山の倭館に3期に分けて、長期滞在したのをはじめ、朝鮮王朝の外交使節である朝鮮通信使に1711年、1719年の2度、帯同して江戸まで行っている。

芳洲31歳のとき、朝鮮方佐役（朝鮮外交を担当）の職務につくが、難儀な仕事に悲鳴を上げて、20日ほどで解職願いを出したことがあった。35歳で初めて、釜山に渡り倭館で朝鮮の役人と接するなかで、朝鮮語の学習の重要性に気付く。相手を知るには、言葉を学ぶこと。この作業は、民族の総体を学ぶことにつながる。

釜山の倭館で、仕事を通して朝鮮の役人たちと接触した芳洲は、下級官吏の不正や腐敗をいやというほど見せつけられた。しかし、それでも朝鮮への興味は衰えず、芳洲は朝鮮の古典小説を翻訳したり、朝鮮文化論を書いたりして、ついには現地での学びと経験を加味した外交思想を生み出す。そのエッセンスが、以下の一文である。

「互いに欺かず、争わず、真実を以て交わり候を誠信とは申し候」

1719年、通信使・製述官として来日した申維翰の日本使行記録『海游録』を読めば、誠信思想とは何かが理解できると思う。

「誠信」の文字について、芳洲は『交隣提醒』と『誠信堂記』でかみ砕いて説明している。

芳洲61歳のとき、藩主に対朝鮮外交の心構えを説いた『交隣提醒』には、「互いに欺かず、争わず」の誠信を打ち出す。円滑な国際関係を成立させるには、うわついた「浮言」に惑わされてはならない。朝鮮の歴史・文化・風俗などを学び、相手と真摯に向き合うところに良好な信頼関係は築けるといっている。

62歳になった芳洲は、裁判（一種の特使）として釜山に渡り、1711年の通信使で知り合った玄徳潤（訳官）と再会する。このとき釜山訓導に就任していた玄徳潤は、倭館内にある、老朽化した朝鮮側の建物を、私財を投入して改修し「誠信堂」と名付けた。芳洲はこれを祝うため『誠信堂記』を草して、彼に贈った。このなかで、芳洲は「人びとが知を用い、『巧を逞しくす』る技術的な処理に走り、私利を求めることを戒め、『誠』と『信』を外交の根本精神とすることを格調高く説いた」（上垣外憲一著『雨森芳洲』中公新書より）。

朝鮮通信使は国家間の外交使節であったが、文化交流使節の意義が大きかった。だから、日朝両国は朝鮮通信使を通じて文化の交流を重ね、人々の間に横たわっている憎しみや葛藤を解き、相互理解を深めていったわけである。

およそ、隣国間の平和というものは単なる外交儀礼だけではなく、互いに異なる文化を理解する努力に始まる。それから文化交流を重ねることで、安定的な平和を維持できる。そのことを、朝鮮通信使は示唆している。

歴史の教訓を学ぶことの大切さ

国があって民があるのではなく、民があって国がある。これは、両国の政治家の皆さんに再認識していただきたいことである。誠信を忘れ、欲望に走れば悲劇は避けられない。

21世紀に入ってからの不幸な日韓関係は、まさに歴史の教訓を学んでいない結果ではないか。これは、ひとえに政治家が解決すべき問題といえる。

民衆と民衆の交流の進展は、もはやとどまることはない。この民衆の交流を国が止めることがあってはならない。民際交流がいかに大切であるかという教えは、朝鮮通信使交流からも学べる。

国と国の外交儀礼だけでは、深い信頼は得られない。民際交流は、ヒューマニズムによる人間性の尊重から相互理解を深めていく。だが、いったん国対国の関係が悪化すると、民際交流もままならなくなる。

朝鮮通信使の時代は、江戸２００年間に12回という長期に及ぶ国際交流である。この間、明らかに日朝両国は、双方が国の威信をかけて交渉した経緯が明らかである。数えあげれば切りがないくらい幾多の衝突があった。

だが、力による解決や、安易な拒絶はせずに、あくまで話し合いによる解決を目指す努力を惜しむことなく続けている。

我々は、ここを学ばなくてはいけない。「歴史は繰り返す」という言葉は、これまでよく聞いた。これは、その時の不幸な教訓を学ばなかった場合、また同じような状況（歴史）が起こるということである。これを、国の指導者や政治家の皆さんに心してもらいたい。

300年前、対馬藩の対朝鮮外交に携わった雨森芳洲が教えた「互いに欺かず、争わず、真実を以て交わる」という、この誠信交隣の精神こそが、朝鮮通信使が残した歴史の教訓であろう。

この誠信思想を肝に銘じて、私は日韓交流を続けていく覚悟である。

あとがき

通信使の「平和の思想」を世界へ

2007年に出版した前作『海峡を結んだ通信使』（梓書院）の「あとがき」に、私は次のように書いた。思えば朝鮮通信使に関わるようになってから20年近くになる。当時盧泰愚ショック以来ひたすら情熱のまま走ってきた。確固たる方向も定まらないまま海峡に乗り出した。そして長い間、大海原を彷徨《さまよ》いやっとたどり着いた感がある。

朝鮮通信使顕彰運動を始めてから、現在まで34年を経過している。縁地連も結成から29年が経ち、大会も30回を数えた。これまでをざっと振り返れば、国内の通信使ゆかりの各地の行脚に5年間を費やし、1995年に縁地連を結成、点を線で結んだ序盤であった。

同じ頃、偶然福岡で知り合った姜南周先生（当時、釜慶大教授―国より福岡大学に研究派遣されていた）との出会いを契機に、釜山との布石もできた幸運があった。日韓にまたがる海峡を結べる希望が湧いた時だった。

この間は、対馬と釜山地区の各種文化交流を重ねながら相互理解を深めていった。そうした親しい付き合いを重ね、遂に2002年に釜山地区に待望の朝鮮通信使文化事業会（現在の釜山文化財団）

が誕生する。日本の縁地連結成から8年後の発足であった。

この頃韓国では、依然として朝鮮通信使を「朝貢使」として、負の遺産とみる向きが多かった。私も協力は惜しまなかったが、釜山にいる姜南周先生は大変苦労されている。

本来、朝鮮通信使の専門家や研究者でもない私と姜先生が、その後日韓双方のリーダーとして両団体を率いて行くことになった。官民双方の感覚や政治感覚、それに営業力、交渉力も必要な活動であった。中盤での大きな出来事では、やはり2007年、江戸時代の最初の朝鮮通信使が来日して400周年という歴史的な大きな節目にめぐり合わせたことであった。この年は、日本も韓国も国中が朝鮮通信使関連イベントに沸いた。韓流ブームより賑わった感じがした。

5年前の2002年には、サッカーワールドカップが日韓共催で開催され、日韓国民交流年の年であったが、この時は日韓市民交流フェスティバルとして朝鮮通信使による全国縦断リレーイベントが盛大に行われ、日韓の市民が沸いた。この事業は、両国ともに国の関与が大きかったように思う。だが、400周年記念事業は、地方自治体と民間団体が中心となり朝鮮通信使事業を盛り上げている。私は各地を回りながら、江戸時代の当時もこのような民衆たちの大賑わいであったに違いないと思ったことが、今でも記憶に新しい。

終盤には、「朝鮮通信使を日韓共同でユネスコに登録」する大事業が待っていた。これも、時の流れから巡ってきた事業であった。始まりは2012年の釜山である。

韓国側の呼び掛けで立ち上がったが、着手は日本の方が早かった。心のどこかにいつか来ることを待っていたような感があったからであろうか。2016年までの登録活動期間において、私は終始日本側がリードしていたように思えたが、どうだろう。

4年間に亘る学術協議過程では、意見の相違や解釈の相違は当然であった。緊張の瞬間も幾度かあった。また声が大きくなることもあった。お互いに真剣に協議し合う中では、いつの間にか国を背負っていた時があった。しかし、我々は平行線で終わることは決してなかった。いわゆる互譲の精神で乗り切ったのである。

そこには、私ども縁地連と釜山文化財団が長年の交流によって培ってきた平和友好の精神である「誠信の交わり」の心が通っていたに違いない。もし今回のユネスコ登録事業が国同士で共同申請していれば、登録は難しかったと思われる。民間団体であったからこそ達成できたと信じているのは、私だけではないと思う。

この度の、「朝鮮通信使に関する記録」のユネスコ「世界の記憶」遺産登録達成は、半世紀も前から国内においてコツコツと地道な活動や研究を重ねてこられた辛基秀先生、上田正昭先生をはじめとする先達の賜物であると、改めて感謝を申し上げたい。

私の人生の中で、こうした世界的で歴史的な大事業に関わることができたことは、誠に幸運であったというほかはない。一生の思い出になっている。惜しみない応援をしてくれた皆さん、励ましてくれた皆さん、また親切なアドバイスをしてくれた方々に心から感謝している。

これによって、日韓の共有歴史（文化財）である朝鮮通信使が、世界の皆さんの財産となったわけである。これからは、朝鮮通信使の歴史や文化財を世界の人々にいかに伝播させていくかが課題である。

先の20世紀は戦争の世紀といわれた。戦争によって尊い生命や人権、環境までが失われた。21世紀は、その壊れたものを取り戻す世紀であったはずである。しかしながら、ロシアによるウクライナ侵攻を始め、世界は依然としてテロや紛争が絶えることはない。

こういう時こそ、平和の象徴である朝鮮通信使の「平和・友好の精神」を広く知らしめ、学ばなくてはならないのではないか。これから、世界に向けての広報周知を工夫しなければならない。

さらに重要な課題は、朝鮮通信使をいかに次世代につないでいくかの問題である。民間団体や地方自治体も青少年に伝えようといろんな趣向を凝らし努力はしている。だが、これも限りがある。この動きを国内的に広めていくには、国の力が必要である。

これまでと違って、朝鮮通信使はユネスコ「世界の記憶」遺産に登録されたのであるから、国も通信使の歴史的事績を国民に広く知らしめる方策を執っていただきたいと願うばかりである。

これまでの縁地連活動の流れをみると点から起こし、線づくりを行い、今は線から面づくりに進んできていると思う。その面もこの度の「世界の記憶」遺産登録によって大きく広がり、また裾野も拡大してきている。

韓国側にもやっと国内の核となる朝鮮通信使文化交流会という日本側の縁地連と同様な組織が発足した。長年の念願だった組織である。これからその組織を拡大充実していただきたい。

そして、両国の組織加盟の団体、自治体同士が相互交流を重ねやがて姉妹関係を結んで行ってもらいたい。そうすれば、両国間には姉妹関係地域がさらに数十カ所増えていくだろう。私が最終目標としているところである。

点から線へ、線から面へ。そして、やっと辿り着いた面づくりが、両国間で形となって現れる時期が必ず来ると信じている。

最後にあたり、筆者である嶋村初吉氏に御礼を申し上げたい。嶋村氏には、前作『海峡を結んだ通信使』を刊行するときも大変お世話になっている。今回、お互いに数年前から続編を出そうと話はしていたが、ユネスコ「世界の記憶」遺産登録事業活動やその後のコロナ感染時期もあって遅くなってしまった。

だが、この間にユネスコ登録達成やまた対馬朝鮮通信使歴史館の設置、さらに韓国側では通信使の復元船建造から対馬入港まで新たな事績も増えたので、今回のタイミングでよかったと思っている。

筆者には、取材するに当たり毎回福岡市の天神から徒歩で那の津の会社まで通っていただいた。ちょうど6月から10月までの暑い中を20回ほど通っていただき恐縮した。

今年の暑さは異常な猛暑の連続で、しかも蒸し暑さも加わり、日中の暑さが35度以上もある中を3〜4キロ歩いてこられた。車を勧めても健康のためだからと毎回のように断られた。驚くほどの気力と精神力を感じさせられた。本当にご苦労さんでした。

申し上げるまでもないが、筆者は業界では知られた朝鮮通信使の研究家であり、すでに10数冊も著書を発刊されている。彼でなければ、小生の聞き書きは難しかったと思う。心から感謝している。

また、校正等で小生の補助的な役割を担ってくれた糸瀬淳一氏にも感謝申し上げたい。

２０２４年３月

松原一征

学びたい「郷土をよくしよう」の一念

平成の大合併の前、対馬が6町の頃。渕上清・厳原町長から、通信使ゆかりのまち全国交流会が開かれた牛窓（岡山県）で叱られた。ホテルの一室で、仲間と話していて「韓国第2の都市・釜山と、離島の対馬を対等に語れないよ」といった。その声を耳にした渕上町長は、いきなり部屋に入ってくるなり、「対馬を軽く見るな。我々は善隣外交の気概では誰にも負けない。先人も、それを教えてくれている」。

江戸時代、徳川幕府も対馬藩に一目おいた。対朝鮮外交は、対馬藩の家役。朝鮮通信使派遣を要請し、それを案内して江戸往復の役目を果たしたのが対馬藩である。

朝鮮半島に最も近い対馬。中央から遠い、地勢的位置が、対馬を自律的権力の形成にまで押し上げた。渕上町長が暗に諭したのは、中央史観になびくな、周縁史観から捉えると、違った歴史の側面をみることができる、ということだったのではないか。

文化行政に積極的だった渕上町長の時代から、朝鮮通信使を生かした地域起こしに取り組んだ。その良き伴走者が松原一征さんだった。

周縁部・辺境、それも国境のまちに軸足をおいて、歴史を思い描くと、中央史観とは異なる開放感と国際性が実感できる。海峡を超えた対岸を望むと、そこには生活文化が異なる人たちが住んでいることをイメージできる。中央史観を摺り込まれた人たちには、周縁部・辺境を「文明が遅れている」

と見下す、差別意識もきっとあるだろう。果たして、そうか。

そのような問題意識が、1995年から対馬の通信使顕彰運動にかかわることで、湧き起って来た。この年に結成された朝鮮通信使縁地連絡協議会とかかわり、理事長の松原一征さんと長年接するなかで、朝鮮半島に最も近い国境の島だから、中央も真似できない独自性を発揮した事例や、次世代に託す将来の夢も聞くことができた。

起点となったのは、盧泰愚ショックである。1990年に来日した盧泰愚大統領は国会演説で釜山から見える対馬を例に出し、宮中晩餐会答礼あいさつで対馬藩の外交官、雨森芳洲を出して、日韓交流の原点を話題にした。

これを聞いた松原さんは、対馬の地勢的位置と、日朝を結んだ対馬藩の外交力を改めて見直し、雨森芳洲を顕彰する対馬芳洲会を結成し、その会長に永留久恵さんを担ぎ出した。

これが松原さんの人生における、大きな潮の変わり目となった。対馬の歴史、日韓交流史を学ぼうと、永留先生を誘って夜の酒飲み談義を重ねた。この学びで、対馬の先哲の偉業を知り、海峡を結ぶ国際交流の在り方を掘り下げていった。

長年島起こしに有効打がなかった対馬にとって、来る日韓新時代を目前にした今、対馬の持つ固有の歴史である朝鮮通信使を切り札として、国内外に発信する絶好の機会であった。

＝『対馬の交隣』（交隣舎出版企画）所載、「現代における交流の展開と課題」より
松原さんは、未来にわたる対馬の立ち位置に思いを馳せ、通信使顕彰運動に取り組んできた。この運動は、ブーメラン効果として対馬に反映してくる。それが対馬に関心をもってくれる島外の人脈で

である。

厳原と博多を結ぶ海運業を生業としているため、松原さんは海を超えて往来することを日常としてきた。仕事柄、対馬に留まらず島外にチャンネルを持つことは、視野を広げ、柔軟な発想を磨く上で効果的だった。

対馬でロータリークラブに入会したのは、1990年の盧泰愚ショックより早い。何をいいたいかといえば、松原さんの郷土愛、地域奉仕の精神はロータリークラブ入会によってさらに堅固となり、通信使顕彰運動を始めることでさらに大きなうねりを巻き起こしたことだ。

松原さんの思考の軸足は、国境の島にある。自立性ある島づくりのため、2023年4月に対馬ちんぐロータリー衛星クラブを設立するなど、郷土愛をもつ若者の育成、韓国との経済交流（企業の誘致を含む）に、近年力が入っている。

「一度、島を離れた若者が、帰ってくることがない」と嘆いていたという永留先生の言葉が、松原さんの心から離れないのではないか。そのためには、どうするか。若者が戻って定着ができる経済環境と若者の郷土愛を育むしかない。

これには、離島振興法の立法化に奔走した民俗学者の宮本常一の言葉が重なる。「離島振興法ができたから島がよくなるのではない」といい、島の生産基盤を内部からつくっていくことこそ肝要だと訴えていた。また、宮本はこうも言う。

夢を持とう。いつまでも消えない夢を。成長していく夢を。その夢を追うて生きて行こう。（中略）文化はつながっていてこそ意味がある。私たちの歩いた道をさらに発展させなければならな

い。（『デクノボウ』発刊の宮本常一の辞）

松原さんの生き方には、この言葉がふさわしい。旗印を掲げ、自ら率先して汗を流してきた人だからだ。対馬には、民間活力を生かし後押しする姿勢が行政に乏しい。これが改まらない限り、自立した対馬の姿は、見えてこない。

「郷土をよくしようと思う人間をつくらない限り、日本が良くなることはない」。この宮本の言葉は、もちろん対馬にも通ずる。松原さんは、その一念で郷土と日々、向かい合っていることをお伝えしたい。

最後に、拙著『朝鮮通信使の道』に続き、今回も出版を快く引き受けていただいた東方出版の稲川博久社長にはお礼を申し上げたい。また、ジャーナリストの川瀬俊治さんには、多大なご協力をいただき感謝している。

松原一征氏の、通信使にかけた半生記を通して、通信使顕彰運動が改めて脚光を浴びることを切に祈りたい。

嶋村初吉

2024年3月

【参考文献】

- 申維翰（姜在彦訳注）『海游録』平凡社・東洋文庫、1974年
- 宮本常一『民俗学の旅』文藝春秋、1978年
- 田代和生『書き替えられた国書』中公新書、1983年
- 司馬遼太郎『街道をゆく13　壱岐・対馬の道』朝日文庫、1985年
- 萩原朔太郎『郷愁の詩人　与謝蕪村』岩波文庫、1988年
- 上垣外憲一『雨森芳洲』中公新書、1989年
- 北島万次『豊臣秀吉の朝鮮侵略』吉川弘文館、1995年
- 佐野眞一『旅する巨人』文藝春秋、1996年
- 金仁謙（高島淑郎訳注）『日東壮遊歌』平凡社・東洋文庫、1999年
- 仲尾宏・曹永禄編『朝鮮義僧将・松雲大師と徳川家康』明石書店、2002年
- 辛基秀『朝鮮通信使往来』明石書店、2002年
- 仲尾宏『朝鮮通信使』岩波新書、2007年
- 嶋村初吉『海峡を結んだ通信使』梓書院、2007年
- 五木寛之・沖浦和光『辺界の輝き』ちくま文庫、2013年
- 永留史彦・上水流久彦・小島武博編『対馬の交隣』交隣舎出版企画、2014年
- 松原一征『朝鮮通信使ユネスコへの道』梓書院（非売品）、2019年

【ユネスコ「世界の記憶」遺産登録　各地の史料】

1、対馬（長崎県）

- 朝鮮国信使絵巻（上下巻）＝制作者：対馬藩／制作年代：17〜18世紀／所蔵：長崎県立対馬歴史民俗資料館　※長崎県指定文化財
- 朝鮮国信使絵巻（文化度）＝対馬藩／19世紀／長崎県立対馬歴史民俗資料館　※長崎県指定文化財
- 七五三盛付繰出順之絵図＝対馬藩／18世紀／長崎県立対馬歴史民俗資料館
- 馬上才図巻＝広渡雪之進／18世紀／松原一征　対馬歴史民俗資料館寄託　※対馬市指定文化財

2、壱岐（長崎県）

- 朝鮮通信使迎接所絵図（土肥家文書）＝制作年代：18世紀／所蔵：土肥純子　※壱岐市指定文化財

3、福岡

- 福岡藩朝鮮通信使記録（黒田家文書）＝制作者：福岡藩／制作年代：１７６３、１７６４／所蔵：福岡県立図書館
- 小倉藩朝鮮通信使対馬易地聘礼記録（小笠原文庫）＝小倉藩／１８１１／福岡県立育徳館高等学校錦陵同窓会、みやこ町歴史民俗博物館寄託　※福岡県指定文化財

4、下関

- 正徳元年朝鮮通信使進物目録　毛利吉元宛＝制作者：通信使／制作年代：１７１１／所蔵：山口県立山口博物館　※重要文化財
- 朝鮮通使御記録（県庁伝来旧藩記録）＝長州藩／１７１１、１７１２／山口県文書館
- 延享５年朝鮮通信使登城行列図＝郡司某／１７４８／下関市立長府博物館
- 朝鮮通信使副使任守幹　壇浦懐古詩＝任守幹／１７１１／赤間神宮　※下関市指定文化財

・金明国筆拾得図＝金明国画　無等賛／１６３６か、１６４３／長府博物館
・波田嵩山朝鮮通信使唱酬詩並筆語＝南玉、成大中、元重挙／１７６３、１７６４／波田兼昭、長府博物館寄託　※下関市指定文化財
・宝暦14年朝鮮通信使正使趙曮書帖＝趙曮／１７６４／長府博物館

5、上関（山口県）
・朝鮮通信使船団上関来航図＝制作年代：18世紀／所蔵：超専寺　※上関町指定文化財

6、下蒲苅島（広島県呉市）
・朝鮮人来朝覚　備前御馳走船行烈図＝制作年代：１７４８／所蔵：呉市（公財）蘭島文化財団管理　※呉市指定文化財

7、鞆の浦（広島県福山市）
・福禅寺対潮楼朝鮮通信使関係資料＝制作者：趙泰億、李邦彦、洪啓禧／１７１１、１７４７、１７４８／所蔵：福禅寺　福山市鞆の浦歴史民俗資料館寄託　※福山市指定文化財

8、牛窓（岡山県瀬戸内市）
・本蓮寺朝鮮通信使詩書＝制作者：申濡、朴安期、趙珩ほか／制作年代：１６４３、１６５５、１７１１／所蔵：本蓮寺　岡山県立博物館寄託　※岡山県指定文化財

9、大阪
・正徳度朝鮮通信使行列図巻＝制作者：対馬藩（俵喜左衛門ほか）／制作年代：１７１１／所蔵：大阪歴史博物館
・天和度朝鮮通信使登城行列図屏風＝未詳／17世紀／大阪歴史博物館
・正徳度朝鮮通信使国書先導船図屏風＝未詳／１７１１頃／大阪歴史博物館
・正徳度朝鮮通信使上々官第三船図供給図＝未詳／１７１２／大阪歴史博物館

・朝鮮通信使御楼船図屏風＝未詳／18世紀／大阪歴史博物館
・朝鮮通信使小童図＝英一蝶／18世紀／大阪歴史博物館
・釜山浦富士図＝狩野典信／18世紀／大阪歴史博物館
・瀟相八景図巻＝狩野清真画　李鵬溟賛／１６８２／大阪歴史博物館
・寿老人図＝荷潭画　古賀精里賛／１６３６／大阪歴史博物館
・松下虎図＝卞璞／１７６４／大阪歴史博物館
・任絖詩書＝任絖／１６３６／大阪歴史博物館

10、京都

・朝鮮国書（3点）＝制作者：対馬藩作成／制作年代：１６０６、１６１７／所蔵：京都大学総合博物館
※重要文化財
・朝鮮信使参着帰路行列＝対馬藩（俵喜左衛門ほか）／１７１１／高麗美術館
・宗対馬守護行帰路行列図＝対馬藩（俵喜左衛門ほか）／１７１１／高麗美術館
・馬上才図＝二代目鳥居清信／18世紀／高麗美術館
・朝鮮通信使歓待図屏風＝狩野益信／17世紀／泉涌寺　※京都市指定文化財
・韓客詞章＝趙泰億ほか／１７１１年／相国寺慈照院　※京都市指定文化財

11、滋賀

・江州蒲生郡八幡町惣絵図＝制作者：未詳／制作年代：１７００年頃／所蔵：旧伴伝兵衛土蔵　※近江八幡市指定文化財
・琵琶湖図＝円山応震／１８２４／滋賀県立琵琶湖文化館
・雨森芳洲関係資料（36点）＝雨森芳洲ほか／18世紀／芳洲会、高月観音の里歴史民俗資料館寄託
※重要文化財、※長浜市指定文化財

・朝鮮通信使従事官李邦彦詩書＝李邦彦／1711／本願寺八幡別院

12、名古屋

・甲申韓人来聘記事＝制作者：尾張藩（松平君山）／制作年代：1764／所蔵：名古屋市蓬左文庫

・朝鮮人物旗杖轎輿之図＝猪飼正彀／19世紀／蓬左文庫

・朝鮮人御饗応七五三膳部図＝猪飼正彀／19世紀／蓬左文庫

・朝鮮国三使口占聯句＝尹趾完、李彦綱、朴慶後／1682／蓬左文庫

13、静岡

・清見寺朝鮮通信使詩書（49点）＝制作者：朴安期ほか／制作年代：1643ほか／所蔵：清見寺

※静岡県指定文化財

14、東京

・朝鮮国書（15点）＝制作者：対馬藩作成、朝鮮王朝／制作年代：1617ほか／所蔵：東京国立博物館　※重要文化財

15、日光（栃木県）

・朝鮮国王孝宗親筆額字＝制作者：孝宗／制作年代：1655／所蔵：日光山輪王寺　※栃木県指定文化財

・東照社縁起（仮名本）5巻のうち第4巻＝狩野探幽ほか／1640／日光東照宮　※重要文化財

・東照社縁起（真名本）3巻のうち中巻＝親王・公家／1640／日光東照宮　※重要文化財

❖朝鮮通信使縁地連絡協議会　会員一覧（自治体と団体のみ紹介し、個人は割愛します）

【自治体】

1日光市（栃木県）、2静岡市役所（静岡県）、3大垣市（岐阜県）、4長浜市（滋賀県）、5近江八幡市役所（滋賀県）、6京都市役所、7兵庫区役所（神戸市）、8瀬戸内市役所（岡山県）、9福山市（広島県）、10呉市・文化スポーツ課（広島県）、11上関町・教育委員会（山口県）、12下関市役所（山口県）、13壱岐市・教育委員会（長崎県）、14名古屋市・教育委員会、15たつの市・教育委員会（兵庫県）、16東京都台東区、17滋賀県、18対馬市

【団体】

19青丘人権文化の会（大阪府門真市）、20公益財団法人 高麗美術館（京都市）、21かみのせき郷土史学習にんじゃ隊（山口県）、22津市分部町唐人踊保存会（三重県）、23唐子踊保存会（岡山県瀬戸内市）、24芳洲会（滋賀県長浜市）、25朝鮮通信使行列振興会（対馬市）、26朝鮮通信使対馬顕彰事業会、27「静岡に文化の風を」の会（静岡市）、28東京対馬会、29日本コリア協会・大阪、30日本コリア協会・福岡、31対馬観光物産協会、32（公財）蘭島文化振興財団（広島県呉市）、33ＮＰＯ辛基秀と朝鮮通信使を研究する青丘文化ホール（大阪市）、34在日本大韓民国民団大阪府堺支部、35対州海運株式会社（対馬市）、36 21世紀の朝鮮通信使友情ウオークの会（埼玉県さいたま市）、37株式会社コミュニティメディア（長崎市）、38在日本大韓民国民団京都府地方本部　39川越唐人揃いパレード実行委員会（埼玉県さいたま市）、40社団法人韓国体育振興会（Soul 中区）、41ＮＰＯ縁地連　朝鮮通信使関係地域史研究部会（山口県上関町）、42相島歴史の会（福岡県春日市）、43ＮＰＯ法人 ＮＧＯひろしま（広島市）、44在日本大韓民国民団中央本部（東京都）、45ＮＰＯ法人 翔青会（福岡県北九州市）、46静岡商工会議所（静

岡市）、47ＮＰＯ法人 ＡＹＵドリーム（静岡市）、48在日本大韓民国民団山口県地方本部、49在日本大韓民国民団福岡県地方本部、50フレンド・アジア・ロード（名古屋市）、51一般社団法人新宮町おもてなし協会（福岡県）、52東京日韓親善協会連合会（東京都）53在日本大韓民国民団大阪府地方本部（大阪市）54在日本大韓民国民団東京地方本部（東京都）、55在日本大韓民国民団愛知県地方本部（名古屋市）、56在日本大韓民国民団神奈川県地方本部（横浜市）、57神奈川県日韓親善協会連合会（横浜市）、58在日本大韓民国民団埼玉県地方本部（さいたま市）、59在日本大韓民国民団滋賀県地方本部（大津市）、60在日本大韓民国民団岩手県地方本部（盛岡市）、61在日本大韓民国民団長崎県地方本部、62在日本大韓民国民団宮城県地方本部（仙台市）、63在日本大韓民国民団群馬県地方本部（前橋市）、64在日本大韓民国民団佐賀県地方本部（佐賀市）、65在日本大韓民国民団静岡県地方本部（静岡市）、66在日本大韓民国民団岡山県地方本部（岡山市）、67在日本大韓民国民団富山県地方本部（富山市）、68在日本大韓民国民団広島県地方本部（広島市）、69在日本大韓民国民団石川県地方本部（金沢市）、70日韓親善協会中央会（東京都）、71朝鮮通信使川御座船を考える会（大阪府豊中市）、72千葉県日本韓国・朝鮮関係史研究会（千葉市）、73瀬戸内牛窓国際交流フェスタ実行委員会（岡山県瀬戸内市）、74在日本大韓民国民団茨城県地方本部（水戸市）、75在日本大韓民国民団北海道地方本部（札幌市）、76山口県日韓親善協会連合会（下関市）、77朝鮮通信使と共に福岡の会（福岡市）、78宗教法人慈照院（京都市）、79宗教法人清見寺（静岡市）、80東京国立博物館、81本蓮寺（岡山県瀬戸内市）、82社団法人 釜山韓日親善協会（釜山市）、83みやこ町歴史民俗博物館（福岡県みやこ町）、84大村市テコンドー協会（長崎県）、85株式会社ディープ・ジャパン（愛知県岡崎市）、86九州の中の朝鮮文化を考える会（福岡県筑紫野市）、87宗教法人福禅寺（広島県福山市）、88島田市国際交流協会韓国委員会（静岡県）

朝鮮通信使一覧

＊対馬市発行のパンフレット「朝鮮通信使」収載の表を元に作成。総人員は仲尾宏著『朝鮮通信使』（岩波新書）に準拠

西暦	朝鮮 日本	干支	正使	副使	従事官	製述官	総人員（大坂留）	使命	使節関係の記録および編纂物	備考
一六〇七	宣祖四〇 慶長十二	丁未	呂祐吉	慶暹	丁好寛	学官 楊萬世	五〇四（一〇〇）	修好 回答兼刷還	海槎録（慶暹）	国交回復
一六一七	光海君九 元和三	丁巳	呉允謙	朴梓	李景稷		四二八（七八）	大坂平定祝賀 回答兼刷還	扶桑録（李景稷）東槎日記（朴梓） 東槎上日録（呉允謙）	伏見聘礼
一六二四	仁祖二 寛永元	甲子	鄭岦	姜弘重	辛啓栄		四六〇（一一四）	家光襲職祝賀 回答兼刷還	東槎録（姜弘重）	
一六三六	仁祖十四 寛永十三	丙子	任絖	金世濂	黄戻	吏文学官 権侙	四七八	泰平祝賀	丙子日本日記（任絖） 海槎録（金世濂） 東槎録（黄戻）	以降「通信使」と称す 日本国大君号制定 日光山遊覧
一六四三	仁祖二十一 寛永二十	癸未	尹順之	趙絅	申濡	読祝官 朴安期	四七七	家綱誕生祝賀 日光山致祭	海槎録（申濡） 東槎録（趙絅） 癸未東槎日記	東照社致祭
一六五五	孝宗六 明暦元	乙未	趙珩	兪瑒	南龍翼	読祝官 李明彬	四八五（一〇〇）	家綱襲職祝賀 日光山致祭	扶桑録（南龍翼）扶桑日記（趙珩） 日本紀行（李東老）	東照宮拝礼 および大猷院致祭
一六八二	粛宗八 天和二	壬戌	尹趾完	李彦綱	朴慶後	成琬	四七三（一一三）	綱吉襲職祝賀	東槎日録（金指南） 東槎録（洪禹載）	
一七一一	粛宗三十七 正徳元	辛卯	趙泰億	任守幹	李邦彦	李礥	五〇〇（一二九）	家宣襲職祝賀	東槎録（金顕門） 東槎録（任守幹）	新井白石の改革
一七一九	粛宗四十五 享保四	己亥	洪致中	黄璿	李明彦	申維翰	四七五（一二九）	吉宗襲職祝賀	海槎日録（洪致中） 海遊録（申維翰）扶桑録（金潝） 扶桑紀行（鄭后僑）	
一七四八	英祖二十四 延享五（寛延元）	戊辰	洪啓禧	南泰耆	曹命采	朴敬行	四七五（一〇九）	家重襲職祝賀	随使日録（洪景海） 奉使日本時聞見録（曹蘭谷）	
一七六四	英祖四十 宝暦十四（明和元）	甲申	趙曮	李仁培	金相翊	南玉	四七七（一一〇）	家治襲職祝賀	海槎日記（趙曮）和国志（元重挙） 癸未使行日記（呉大齢） ほか	崔天宗殺害事件
一八一一	純祖十一 文化八	辛未	金履喬	李勉求		李顕相	三二八	家斉襲職祝賀	辛未通信日録（金履喬） 東槎録（柳相弼） 島遊録（金善臣）	対馬聘礼

『朝鮮通信使の道』（東方出版、2021年）より再録

松原一征（まつばら・かずゆき）

1945年、長崎県対馬市生まれ。福岡大学経済学部卒業。大栄海運株式会社博多支店に勤務の後、独立。1974年に対州海運株式会社を設立、現在に至る。仕事のかたわら朝鮮通信使をはじめ、対馬の歴史・文化の顕彰事業に取り組む。1995年、朝鮮通信使縁地連絡協議会の設立以来、理事長を長く務め、朝鮮通信使に関する記録のユネスコ「世界の記憶」遺産登録（2017年10月末）に尽力した。受賞歴は県民表彰（2009年）、総務大臣表彰（2017年）など数多い。

社会活動は幅広く、現在、対馬ロータリークラブ理事のほか、賀島恕軒顕彰会代表、駐日大韓民国大使館諮問委員、縁地連名誉会長などを務める。

嶋村初吉（しまむら・はつよし）

1953年、大分県佐賀関町（現、大分市）生まれ。慶應義塾大学文学部卒業。奈良新聞、産経新聞（大阪本社）を経て、西日本新聞へ。文化部、編集委員などを歴任。2013年12月定年退職後、韓国の国立釜慶大大学院に留学して研究。修士課程単位取得後に退学。

現在、西日本新聞TNC文化サークル講師、「朝鮮通信使と共に福岡の会」共同代表、民団福岡県地方本部の月刊紙編集長などを務める。

著書に『李朝国使3000キロの旅』（みずのわ出版）、『九州のなかの朝鮮文化』（明石書店）、『朝鮮通信使の道』（東方出版）など多数。『玄界灘を越えた朝鮮外交官 李芸』（明石書店）は日韓合作映画『李藝―最初の朝鮮通信使』製作の基礎資料となった。

朝鮮通信使のかけた魂の軌跡
松原一征とユネスコ世界遺産への道

2024年10月1日　初版第1刷発行

著　者――嶋村初吉
発行者――稲川博久
発行所――東方出版(株)
〒543-0062 大阪市天王寺区逢阪2-3-2
Tel. 06-6779-9571 Fax. 06-6779-9573
装　丁――寺村隆史
印刷所――亜細亜印刷株式会社

乱丁・落丁はおとりかえいたします。

ISBN978-4-86249-461-0

朝鮮通信使の道　日韓つなぐ誠信の足跡　嶋村 初吉　一、八〇〇円
総領事日記　関西で深める韓日交流　呉 泰奎　一、八〇〇円
韓国史入門　申 瀅植 著／金 順姫 訳　二、〇〇〇円
ノリゲ　伝統韓服の風雅　李 京子 著／金 明順 訳　二、〇〇〇円
韓国の民話伝説　崔常植 著／金順姫 訳　二、八〇〇円
コリア閑話　波佐場 清　一、八〇〇円
韓国の働く女性たち　島本・水谷・森田・油谷　一、八〇〇円
韓国併合一〇〇年の現在　前田憲二・和田春樹・高秀美　一、六〇〇円
母たちの済州島　姜萬保写真集　姜 萬保 写真／任 栽賢 文／李敏珠・川瀬俊治 訳・解説　一、八〇〇円
長東日誌　在日韓国人政治犯・李哲の獄中記　李 哲　三、五〇〇円
韓国服飾文化事典　金 英淑 著／中村克哉 訳　一八、〇〇〇円

＊表示の価格は消費税を含まない本体価格です＊